梁启超

永远的少年

《梁启超：永远的少年》编委会 编著

国家图书馆出版社

《梁启超：永远的少年》编委会

指导机构： 国家图书馆（国家古籍保护中心）

顾　　问： 黄淑质　梁凤琼

主　　编： 陈桂霞

执行主编： 郑小悠　冯　坤　石任之

编　　委： 欧格郎　陈继武　陈瑞全　陈华钦

苏玉华　梁洪汉　黄伟成　李伟南

张健华　梁权掌　吴丽萍　黄志坚

梁新明　雷泽怀　梁远榕　冯家传

张炳均　廖祖权　何勇涛　陈国恩

林世田　魏　崇　殷梦霞　郑小悠

冯　坤　石任之

序 言

　　广东新会是近代著名爱国主义者、思想家、政治家梁启超先生的故乡。梁启超出生在新会熊（ní）子乡茶坑村，十二岁时离开家乡，到广州求学。家乡朴实醇厚的民风、兴文重教的学风，特别是崖山古战场等历史遗迹所代表的忠勇爱国之风，在少年梁启超心中生根发芽，对他的人格塑造与人生经历，产生巨大影响。由此可见，让青少年从小得到优秀乡邦文化的浸润，感受杰出乡贤榜样的力量，是多么必要。一百多年前，新会的青山绿水、人文精神，曾经哺育了梁启超这样的伟大人物；今天，让从新会走向中国、走向世界的梁启超回到家乡人民的案头，反哺新会的广大青少年，意义又何其重大。因此，编写一部以梁启超为主题的、高水平的、适宜青少年阅读的历史文化读本，是全区广大教育工作者一直以来的共同心愿。

　　向广大中小学生系统全面地介绍梁启超，不是一件容易的事。梁启超所处的时代背景复杂多变，他个人的经历、著作也极为繁杂，通常的介绍方式，不易为青少年理解掌握。因此，我们特别组织高水平编纂团队，编写这部《梁启超：永远的少年》。本书的编写注重思想性，贴近时代要求，与党的十九大精神和新课标要求保持一致，充分发挥育人功能。注重生动性，版面设计图文并茂，语言表达通俗易懂，满足从小学到高中学生的阅读需求。注重文学性，能给学生带来美的感受与熏陶，促进学生核心素养的培育。

2017 年初，中共中央办公厅、国务院办公厅印发《关于实施中华优秀传统文化传承发展工程的意见》，提出要"围绕立德树人根本任务，遵循学生认知规律和教育教学规律，按照一体化、分学段、有序推进的原则，把中华优秀传统文化全方位融入思想道德教育、文化知识教育、艺术体育教育、社会实践教育各环节，贯穿于启蒙教育、基础教育、职业教育、高等教育、继续教育各领域"。又提出要"深入开展'爱我中华'主题教育活动，充分利用重大历史事件和中华历史名人纪念活动……展示爱国主义深刻内涵，培育爱国主义精神"。

这部读本的编写与下发，是对党中央、国务院关于弘扬中华优秀传统文化、促进中华优秀传统文化创造性转化与创新性发展指示精神的积极实践。希望新会的孩子们能以此为契机，进一步树立爱祖国、爱家乡、爱先贤的文化自信心与自豪感，并通过"小手拉大手"的形式，与自己的家长、亲朋开展互动交流，让梁启超文化、梁启超精神在新会生生不息、发扬光大。

《梁启超：永远的少年》编委会

2018 年 8 月

目录

第一单元

生平

梁启超最爱少年人，最憧憬如少年一样朝气蓬勃、日新月异的祖国。更重要的是，他一生敏锐、热情，不断求新知、作新民，本就有一颗永不苍老的少年之心。

同学们翻开这本小书，一页页看去，咀嚼梁启超的人生与作品，想必能跨越时空的界限，感受彼此气质上的相近，然后乐此不疲、流连忘返、欣欣向荣、学业大进。

单元导读

谈到读书，著名学者林语堂说过这样一段名言："读书必以气质相近，而凡人读书必找一位同调的先贤，一位气质与你相近的作家，作为老师。因为气质性灵相近，所以乐此不疲，流连忘返。流连忘返，始可深入。深入后，如春风化雨之赐，欣欣向荣，学业大进。"以这样的标准来看，本书的主人公梁启超，无疑是与同学们气质最相近的先贤、作家与老师。为什么这样说呢？首先，梁启超最爱少年人，最憧憬如少年一样朝气蓬勃、日新月异的祖国。更重要的是，他一生敏锐、热情，不断求新知、作新民，本就有一颗永不苍老的少年之心。同学们翻开这本小书，一页页看去，咀嚼梁启超的人生与作品，想必能跨越时空的界限，感受彼此气质上的相近，然后乐此不疲、流连忘返、欣欣向荣、学业大进。

那么，要想通过读书，请梁启超作老师，甚至与他结成少年间的友谊，我们又将从何处读起呢？两千多年前的大思想家孟子告诉我们一个办法：知人论世。意思是说，要想深刻了解一个人的作品，就要知道他的生平经历，知道是怎么样的时代背景、社会环境，塑造了他的一生。孟子的这个观点，也被我们的主人公梁启超所认可。在历史学家梁启超看来，历史上的每个人都置身于一个巨大的坐标轴中，其所在的纵坐标被称为"时代"，横坐标被称为"社会"。时代与社会，共同决定着人的命运与选择。我们评价历史人物，也必须从他所处的时代与社会着眼。既然如此，我们不妨按照梁启超自己的思路，开始这场寻找少年伟人的"穿越"之旅吧。

背景阅读

一团孩子气的梁任公

1929 年 1 月，五十六岁的梁启超不幸病逝，北京大学教授胡适赶去参加梁启超遗体的入殓仪式。回家后，胡适在日记中写道："任公（梁启超号任公）为人最和蔼可亲，全无城府，一团孩子气，人们说他是阴谋家，真是恰得其反。"而提到梁启超曾经对他的"骂战"，胡适是这样理解的："这都表示他的天真烂漫，全无掩饰，不是他的短处，正是可爱之处。"

梁启超

梁启超与他的时代

　　梁启超（1873–1929），字卓如，号任公，又号饮冰室主人、中国之新民等。他生于公元 1873 年，即清朝的同治十二年。对于我们的祖国而言，当时的时代大背景是怎样的呢？用清王朝重臣李鸿章的话说，当时的中国正经历着"数千年未有之大变局"。

　　为什么这样说呢？同学们都知道，中国是世界四大文明古国之一，历史悠久，不但是东亚地区的文明中心，在很长一段时间里，也是全世界范围内举足轻重的强大国家。从地理环境上看，中国东临大海，西边是高山沙漠，所以历代中原王朝的主要防御对象，是生活在森林、草原上的北方民族，而非来自海上的敌人。

　　不过，当人类发展进入到 15 世纪，也就是中国历史上的明朝中期，世界格局发生了重大变化。在这段时间里，葡萄牙人达·伽马开辟了从欧洲到印度的新航线，意大利人哥伦布发现了今天的美洲大陆，葡萄牙人麦哲伦则完成了环球航行。这一系列航海探险活动，被通称为"地理大发现"。"地理大发现"打破了世界各大洲之间相对孤立的状态，开通了欧洲与美洲之间的经济联系，欧洲殖民者开始了向全世界的扩张和掠夺，各主要国家相继进行工业革命。从这时起，人类历史逐渐

梁启超　永远的少年

明代流入中国的西
班牙银元

告别农业文明，迈向工业文明；逐渐告别古代，迈向近代。

与欧洲远隔万里的中国虽然并未直接参与到新航路的开辟当中，但也受其影响：欧洲殖民者的扩张与掠夺开始波及中国的海疆，中国与欧洲、美洲之间的远洋贸易日益频繁，欧洲的传教士在将天主教传入中国的同时，也带来了流行于西方的科学技术等等。然而，面对世界格局天翻地覆的变化，当时的中国并没有主动脱离自身历史发展的内在惯性，加入到大变革的浪潮中。相反，为了防备外国势力给中国社会造成冲击，清王朝还实行了禁教、限制通商等自我封闭的国策。

公元 1793 年（清乾隆五十八年），也就是梁启超出生的八十年前，已经完成君主立宪和工业革命的英国，派使臣马嘎尔尼率团来华，祝贺乾隆皇帝八十大寿。马嘎尔尼借机向乾隆皇帝提出允许英国在北京设立使馆，开放宁波、舟山、天津、广州为贸易口岸等要求，被乾隆皇帝拒绝。马嘎尔尼访华未能达到目的，中国也丧失了 18 世纪最后一次与近代工业文明接触的机遇，落后于世界发展潮流。神秘强盛的东方大国在欧洲人眼中就此暗淡下去。

又过了将近五十年，到了 1840 年（清道光二十年），著名的鸦片战争爆发了。英国人用坚船利炮打败了清朝军队，打开了中国大门。战争结束后，香港岛被割让，广州、厦门、福州、宁波、上海五个港口被迫向英国人开放通商，中国的国际地位急速滑落。

在接下来的三十几年里，中国面对西方列强的武力挑衅，节节失败。第二次鸦片战争中，清朝的咸丰皇帝被英法联军从北京赶到承德，皇家夏宫圆明园惨遭洗劫。在北方，俄国军队一面侵蚀中国东北的土地，一面对富饶的新疆虎视眈眈。历史上一直向中国学习的东邻日本，也在西方工业文明的冲击下，推行"明治维新"，建立君主立宪政体，走上全盘西化的军事强国之路，逐渐成为中国的海上劲敌。在殖民者的猛烈冲击下，清朝"天朝上国"的尊严轰然崩塌，边疆海疆危机四伏，这就是李鸿章所说的"数千年未有之大变局"。

除去外部威胁，中国的国内矛盾也日益激化。嘉庆以后，清王朝的统治盛极而衰，政治风气堕（duò）落，贪腐大案不断，中央政府的控制能力大幅下降。咸丰皇帝即位伊始，王朝由衰而乱，全国各地纷纷陷入如火如荼的农民起义当中。其中，洪秀全等人附会基督教创立拜上帝教，在广西金田起兵，建立"太平天国"。太平军很快席卷长江以南大部分地区，并占领南京，控制中国当时最富裕的江南地区十余年。此外，全国各地大小不一的武装暴动此起彼伏，清王朝的统治风雨飘摇。

在内忧外患的共同作用下，暮气沉沉的中国不得已走上求新求变的自救之路。鸦片战争失败后，学者魏源悲愤不已，在

梁启超 永远的少年

14—18 世纪中外重大历史事件对照表

时间	中国	世界
14 世纪	1368 年明朝建立	欧洲进入文艺复兴时期
15 世纪	1405－1433 年郑和下西洋	世界进入地理大发现时期 1492 年哥伦布发现美洲大陆
16 世纪	明朝面对并解决"南倭北虏"挑战 江南商品经济迅速发展	欧洲进行宗教改革
17 世纪	1644 年清军入关	1640 年英国资产阶级革命爆发 1688 年英国确立君主立宪政体
18 世纪	"康乾盛世"一百年 1793 年英国使臣马嘎尔尼访华	法国、俄国、普鲁士、奥地利先后进行政治改革，实行"开明专制" 60 年代英国开始工业革命 1783 年美国独立 1789 年法国大革命爆发

林则徐的支持下，编写了中国历史上第一部系统介绍西方知识的著作《海国图志》，并明确提出要"师夷之长技以制夷"，即学习西方技术，抵抗外来侵略。魏源也因此被称为中国"开眼看世界第一人"。1861 年（清咸丰十一年），咸丰皇帝在热河行宫病逝，年仅六岁的同治皇帝即位。同治帝生母慈禧太后控制了清王朝的中央政权，迫于形势压力，开始任用恭亲王奕䜣，以及在镇压太平天国运动中立下大功的曾国藩、左宗棠、李鸿章等人，以"师夷之长技以制夷"为指导思想，引进西方先进技术，发展近代工业，以求富国强兵，延续清王朝统治。这一

晚清政府主办"洋务"的中央机构——总理各国事务衙门

场自上而下的改良运动，被历史学家们称为"洋务运动"。

到梁启超出生的 1873 年（清同治十二年），太平天国、捻军等大规模农民起义多已平息，中外关系也有所缓和；洋务运动已经有了初步规模，建成许多新式学堂、新式企业，翻译了不少西文书籍。这一时期由于政局大体平稳，经济有所恢复，所以被当时人冠以"同光中兴"的漂亮称呼。

出生在这个大变革、小稳定时代的梁启超，拥有一个较为平静的少年时期，与绝大多数传统知识分子家庭的男孩一样，开蒙识字，熟读四书五经，然后考秀才、考举人。进入青年时期后，梁启超的视野逐渐开阔，先在上海购买了西学书籍，又

梁启超 永远的少年

在广州与对西学颇有研究的康有为相识，开始如饥似渴地了解世界，并初步确立了学习西方政治制度的维新思想。

到1895年（清光绪二十一年），清王朝靠洋务运动求强致富的中兴美梦化为泡影。这一年，耗费巨资建立的北洋水师，在与日本的甲午海战中全军覆没，清政府被迫与日本签订丧权辱国的《马关条约》，割让辽东半岛（后日本未能得逞）、台湾和澎湖列岛给日本，赔偿日本军费二亿两白银。推行了三十年洋务运动的大清王朝，被推行了三十年明治维新的小国日本一举击败，这样残酷的事实让许多有识之士豁然醒悟：看来单纯学习西方的先进技术，而不触及几千年来的陈腐制度，是不能使中国摆脱被侵略的命运、屹立于世界民族之林的。

在这样沉痛而又危急的历史时刻，年仅二十二岁的梁启超站了出来，昂首走上政治舞台。他与老师康有为等人一起组织"公车上书"，在全国各地办报办学，宣传维新思想，三年后更是在光绪皇帝的支持下开始了轰轰烈烈的戊戌变法。虽然变法历时百日就以失败告终，但"梁启超"这个名字从此与时代同在，成为谈及中国近代史时绝不能回避的人物。当然，他的光辉又绝不仅限于此，而是随着时间的推移，愈加耀眼，愈加深刻。

拜康有为为师

梁启超十一岁考中秀才后，离开家乡新会，来到省城广州，瞬间有耳目一新、眼界大开之感。他先是就读于学海堂，学习流行于清朝乾隆、嘉庆时期的训诂考据之学，开始厌倦科举考试要求的空洞无物的八股文。十七岁时又通过同学陈千秋介绍，与康有为相见。当时的梁启超已经考中举人，而康有为只是秀才身份，按照传统的规矩，绝没有举人拜秀才为师的道理。但一番谈话之后，梁启超对康有为佩服得五体投地，决定舍弃旧学，退出学海堂，拜在康有为门下。在随后的四年中，梁启超随康有为在万木草堂学习中外历史、政治，了解中外学术源流、历史沿革得失等，为一生学问和变法维新打下理论基础。

戊戌变法领袖、梁启超的老师
——康有为

小问题

1. 怎样理解中国的"数千年未有之大变局"？

2. 谈一谈"数千年未有之大变局"与我们今天所说的"中华民族伟大复兴"的关系。

花絮／链接

阅读图书：《天朝的崩溃：鸦片战争再研究》，茅海建著，生活·读书·新知三联书店，2014 年 10 月

观看电影：《林则徐》

梁启超的家乡与家庭

梁启超的出生地是广东省新会县熊子乡茶坑村。

对于自己的家乡，梁启超有着强烈的自豪感，他在《三十自述》一文中专门描述道：我家所在的广东省，古时候称为南越王国，在秦汉之交的时代，南越王赵佗拥有这片热土，率领这方人民，与中原群雄并立几十年，在历史上留下英雄的美名。

画境茶坑　杨春荣摄

梁启超　永远的少年

我家所在的新会县，在宋元之交的时代，经历了
南宋军民与蒙古国大军血战不胜、在崖山自沉大
海的惨烈景况，在历史上留下悲愤的纪念。我家
所在的熊子乡，距离崖山只有七里（实为七十里，
原文有误——编者注）多远，位于西江汇入南海
的入海口，江口上有七座岛屿，熊子岛就是中间
的一座。由此可知，我实在就是中国最南端的一
名岛民。我家祖先在南宋末年从福建的福州迁徙到
广东东北部的南雄，明朝末年又从南雄迁徙到新会定居。数
百年来，我的家族一直生活在山海之间，族人们以种田、读
书为生，不问世事，如同生活在世外桃源之中。

背景阅读

人文荟萃的新会

　　新会古称冈州，位于广东省珠江三角洲西部，潭江下
游，现隶属广东省江门市。新会不但物产丰饶、名胜众多，
且人文荟萃，是"岭南学派"和"岭南琴派"的发源地。
梁启超一生敬仰同为新会人的明代大思想家陈白沙。陈白
沙本名陈献章，原居住在新会都会村，后迁居江门白沙村，
所以人们称他为"白沙先生"。陈白沙提倡独立思考、自由
开放的学风，形成独树一帜的"江门学派"。明朝万历年间，
已经去世多年的陈白沙获得从祀孔庙的殊荣，故有"岭南
一人""岭学儒宗"的美誉。近代著名外交家伍廷芳、史学
家陈垣、慈善家冯平山等，也都是新会人。

梁启超的家乡新会历史十分悠久。在一千六百年前的东晋时代，就设立了新会郡，隋唐时撤去郡置，改设新会县。清朝同治年间编纂（zuǎn）的《新会县续志》称其"面海负山，襟江带河，提封辽阔，控制险要"，作为省会广州的屏障，地理形势极为重要。

　　发生在这片土地上最重要的历史事件，是公元 1279 年（南宋祥兴二年，元至元十六年）的崖山海战。当时，南宋流亡政权被元军追至广东，以新会以南五十公里的崖山为据点，继续抗元。元军封锁海湾，正面进攻，宋军突围未果，全军覆没。南宋丞相陆秀夫宁死不屈，背着八岁的小皇帝赵昺（bǐng）投海殉国，在中国历史上留下极为壮烈的一幕。

　　崖山海战，是宋人的生存之战、尊严之战。家乡崖山所代表的亡国痛苦，与陆秀夫等人展现出的不朽气节都强烈激发了幼年梁启超的爱国之心、报国之志。梁启超的故居在新会茶坑村，南向就是崖山海口。他高祖的墓地也在崖山，所以年年举家扫墓都要经过那片著名的古战场。每到这个时候，祖父梁维清都要向儿孙们讲述南宋亡国的故事，并朗诵明末抗清志士陈恭尹的《厓门谒（yè）三忠祠》诗句[1]。当念到"海水有门分上下，江山无地限华夷"一句时，祖父尤其要提高声调，用悲凉之音朗诵。这样的乡土教育，在梁启超幼小的心灵中埋下了忧国忧民的种子，至死不渝。

【注释】

1 厓：同"崖"。

厓门谒三忠祠

清　陈恭尹

山木萧萧风又吹，两厓波浪至今悲。

一声望帝啼荒殿，十载愁人拜古祠。

海水有门分上下，江山无地限华夷。

停舟我亦艰难日，畏向苍苔读旧碑。

崖山古战场旧址　周学勤摄

　　除了家乡新会崖山所代表的忠烈刚毅气质外，梁启超生长的广东省，还具有开放自由、引领全国风气之先的特质。从乾隆中期起，清廷将西洋商船限制在广州的粤海关进行贸易，广州成为中国与西方世界沟通的唯一合法通道。鸦片战争后，广州作为开放通商的"五口"之一，又因为毗邻香港、澳门，外商、华侨云集，变得更加开放兼容。西方的思想文化、工业技术，乃至生活方式，纷纷从广州传入内地，并率先在广东各地传播。晚清民国时期，对中国影响最大的人物如洪秀全、康有为、梁启超、孙中山等均为广东人，自有历史的必然因素。

　　了解了梁启超的家乡，我们再来看看他的家庭。梁启超的高祖、曾祖一直都以农耕为业，是中国乡村中最常见的普通农民，到了他祖父梁维清这一代，终于考取了秀才功名，梁家的社会地位有了很大提高。祖父是梁启超最推崇敬仰的亲人，他在众多的孙辈中对梁启超最为喜爱。梁启超四五岁时，白天听

广东之现在及将来

今之广东，依然为世界交通第一等孔道。如唐宋时，航路四接，轮樯充阗。欧洲线、澳洲线、南北美洲线，皆集中于此。香港船吨入口之盛，虽利物浦、纽约、马赛，不能过也。若其对于本国，则自我沿海海运发达以后，其位置既一变；再越数年，芦汉、粤汉铁路线接续，其位置将又一变。广东非徒重于世界，抑且重于中国矣。

(节选自梁启超《世界史上广东之位置》)

祖父讲授四书、《诗经》，夜间与祖父同榻而眠。祖父慷慨耿直，助人为乐，在乡间有很高的威信。他特别重视对子孙的道德教育，经常给孩子们讲历代英雄人物的故事和国家的苦难，鼓励他们崇尚义理与名节。

梁启超的父亲梁宝瑛是位私塾教师，梁启超几兄弟从五六岁起就在父亲执教的私塾中读书。他们的学业根底、立身根基，都来自父亲的教诲。父亲慈祥而严厉，除督促儿子们读书以外，还要求他们参加一些田间劳动，言语举动也要谨守礼仪。他对梁启超寄予厚望，批评他时说得最多的一句话就是："你难道把自己当成一个平常的孩子吗？"除了善于教子外，梁宝瑛在乡里急公好义，四处调解纠纷，制止赌博、械斗；在家中孝敬老父，奉养寡嫂，爱护子侄。父亲在道德、为人方面的言传身教，对于年少的梁启超犹如春风化雨，润物无声。

梁启超的母亲赵夫人出身书香门第，知书达理，在村里很有贤德的名声。梁启超三四岁时就跟随母亲认字、背诵唐诗，母子感情十分深厚。赵夫人对子女非常慈爱，很少打骂，但对他们的品德要求极高。梁启超十四岁在广州读书时，母亲因难产去世，没有来得及见上最后一面，梁启超为此抱憾终生，对母亲的教诲念念不忘。

梁启超晚年留影

总而言之，梁启超的家庭，虽然只是普通的乡间知识分子，毫无富贵可言，却是那么的和睦、温暖、开明。对他影响最大的祖父、父亲、母亲，都简朴勤劳、温和耿直，他们身上都凝聚了中华民族的传统美德，他们通过自己的言传身教，对幼年梁启超人生观、价值观的形成，起到潜移默化的正面作用。

除了至亲长辈善于教育子孙，对梁启超的一生有着重要影响外，他的结发妻子李蕙仙也是一位见识脱俗、才德双全的女性，对梁启超的不朽成就帮助极大。梁启超年仅十六岁就考中举人，主考官李端棻（fēn）对他十分赏识，抛弃门当户对的旧观念，将自己的堂妹李蕙仙许配给他。李蕙仙虽然出身名门，家境优越，但嫁入清苦的梁家后，没有任何怨言。梁启超自己曾经说过：结婚以后，常受夫人的策励和帮助，自己没钱买书，夫人便将陪嫁时的首饰变卖换钱。戊戌变法失败后，梁启超屡遇艰险，夫人不但在精神上对他全力支持，以民族大义相鼓舞，还一身挑起家庭的重担，不让他有后顾之忧。

良母教子

梁启超中年时写过一篇文章，叫《我为童子之时》，记述了自己六岁时因为说谎第一次挨打的情形。他回忆说，我家的家教，一切过错，都可以饶过，只有说谎，绝不饶恕。一次我因为说了谎话，被盘问时又狡辩，一向慈爱的母亲勒令我伏在膝前，打了我十几鞭子，又罚跪半夜。母亲教训我说，人犯了错误然后说谎掩饰错误，可见是明知故犯，再因为欺骗了别人而沾沾自喜，这与盗贼有什么区别？天下的大奸大恶之事，都是由说谎引起的，做欺骗别人的事，早晚要被别人看破，然后一传十、十传百，大家都不会再信任你，人无信不立，你一辈子就连个乞丐也不如了。梁启超一生记得母亲这段教训，凡事以诚实为本，绝不做自欺欺人、文过饰非的事了。

深明大义的李蕙仙

戊戌变法失败后，梁启超只身亡命日本，李蕙仙从上海南归后立即带家人移居澳门避难，躲过灭门之祸。梁启超写信给李蕙仙说："我听说夫人得知凶信，慷慨从容，辞色不变，不但没有怪罪我的意思，反而发出豪迈的言论。我感到非常欣慰佩服，夫人真是我的闺中良友啊！"1915年，袁世凯准备称帝，梁启超与蔡锷秘密商议讨伐之事，临行话别，李蕙仙慷慨激昂地说："孝敬老父、教养儿女的事，都有我一身担当，你可以毫无顾忌地为国尽忠了！"

1918 年，李蕙仙（左四）带着五个孩子摄于天津，分别为思忠（左一）、思成（左二）、思庄（左三）、思达（左五）、思永（左六）

小问题

1. "崖山"对少年梁启超爱国情怀的形成起到了怎样的作用？

2. 平凡的祖父、父亲和母亲，怎样通过言传身教塑造了不平凡的梁启超？

花絮／链接

扫描二维码阅读梁启超《三十自述》

梁启超的人生与著述

在家乡先贤的砥砺和家人的支持下，时代弄潮儿梁启超义无反顾地开始了他波澜(lán)壮阔的人生。根据许多学者的研究，梁启超一生的活动分为四个阶段：

戊戌维新（1898 年，清光绪二十四年）以前为第一阶段。这一时期，他以康有为重要弟子的形象出现在历史舞台上。在康有为的陶冶下，他从传统的科举士子变成致力于维新变革的政治家、宣传家和启蒙思想家。在《马关条约》签订的背景下，梁启超愤然投入救亡事业，协助康有为联合在京举人"公车上书"，组织强学会，大造舆论。1898 年 6 月，光绪皇帝接受维新派建议，实行变法，梁启超本人也受到光绪帝的召见。9 月，变法失败，梁启超与老师康有为逃往日本，开始流亡生涯。这一时期的梁启超开始创办新式报刊，担任《时务报》《中外纪闻》等多家刊物的主笔，并因为文章挥洒犀利，笔端常带感情，引起朝野的极大关注。

变法失败流亡海外到清亡回国（1912 年，民国元年）是梁启超人生的第二阶段。在这一时期，他先后游历日本、澳洲、美洲，直接接触西方世界，又极度关注中国局势，因此思想格外活跃，政治观点变化频繁。他在日本先后创办《清议报》和

《新民丛报》，将其作为宣传改良维新的主阵地。他撰写大量文章，对当时的中国思想界产生重大影响，被人们誉为"舆论之骄子，天纵之文豪"。

梁启超人生的第三个阶段是从清亡回国到出游欧洲（1918年，民国七年）。清帝退位、民国建立后，梁启超从日本返回中国，成为政坛上的活跃人物。他以改良派为基础组织进步党，并担任熊希龄内阁司法总长，后又出任币制局总裁，但都在短时间内辞职。得知袁世凯蓄意称帝，梁启超发表《异哉所谓国体问题者》一文，反对变更共和国体，并支持学生蔡锷等发动护国战争。袁世凯去世后，梁启超又反对张勋复辟，并在段祺瑞内阁中短暂担任财政总长。然而他最终发现，在军阀纷争、国无宁日的北洋政坛上，自己根本不能有所作为，于是他宣布退出政界，专心从事学术研究。

离开政坛后，梁启超先到欧洲各国游历，回国后则投身著述讲学，直至去世（1929年，民国十八年），这是他人生的最后一个阶段。梁启超欧洲之行，正值第一次世界大战刚刚结束，他除了到访英国、法国、德国、比利时、荷兰、意大利等国的主要城市外，还特意到一战主要战场考察，并观察巴黎和会情况，为中国利益奔走呼号。在亲历欧洲的战后凋敝，与欧洲思想界直接接触后，梁启超洞察了西方现代化过程中的弊端，思想再次发生变化，向西

清光绪二十八年（1902）元月一日
《新民丛报》

方求真理的一贯观点严重动摇，开始反顾东方，认为传统中国智慧具有治疗"现代病"的启示价值。梁启超以此种观点为基础，回国后开始全身心投入学术研究，特别是中国历史、宗教与文化研究。此外，他致力于教育，在清华、南开等大学任教，在各地举办学术讲座；促进中西学术交流，编译新书，邀请罗素、泰戈尔等世界著名学者来华演讲；重视图书馆建设与图书馆学的构建，担任京师图书馆馆长。

梁启超五十岁后，身体逐渐衰弱，多次患病入院。1926年（民国十五年），因尿血不止，进入协和医院治疗，切除右肾后，病势不但未见好转，反而有所加剧。即便如此，梁启超仍坚持高强度的案头工作，至1929年1月19日，终于重病不治，在北平逝世，享年五十六岁。

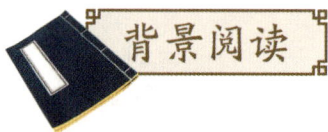

背景阅读

何谓"饮冰"

"饮冰"一词源于《庄子·人间世》："今吾朝受命而夕饮冰，我其内热与？"意思是我早上接到国君的重任，晚上就要饮用冰水，恐怕是因为我的心绪焦灼吧！梁启超笔名"饮冰子"，晚年在天津的居所称为"饮冰室"，显现他一生以救国救民为己任，心潮炽烈澎湃，唯有饮冰才能稍稍平息内心的煎熬。

梁启超在天津的饮冰室
故居

梁启超一生笔耕不辍，他坚持写作四十多年，著述多达一千四百多万字，平均每月达到三万字以上。他的著述在生前就多次编辑印行，1936年中华书局汇总出版《饮冰室合集》，分为《文集》四十五卷、《专集》一百零四卷，收录较为详备。

以梁启超人生四阶段为分期，其各阶段著述的侧重点也有所不同。第一阶段的著述大多围绕变法而作，其中最重要的，是连载在《时务报》上的一组政论文章——《变法通议》。《变法通议》为批评、挽救清朝时弊而作，强调"穷则变、变则通、通则久"的道理，从理论上深入阐述维新变法的必要性及其保种、保国、保教的作用。梁启超和很多维新派人士一样，是教育救国论者，《变法通议》的十四篇文章中有《学校总论》《论科举》《论师范》《论女学》《论幼学》《学校余论》六篇都与教育有关，是梁启超教育思想的集中体现。

梁启超的女学观

梁启超认为，女子教育的好坏，关系到家族和种族的未来，关系到国家与民族的强弱。他说："吾推及天下积弱之本，则必自妇人不学始。"意思是中国积弱的原因，是由于妇女没有受教育的权利和机会。他批评传统的"女子无才便是德"的观念，从主张男女平等的思想出发，要求仿照西方各国，创办女学。梁启超还反对妇女缠足、男人纳妾等陋习，曾与谭嗣同等发起成立"不缠足会""一夫一妻世界会"等组织，是中国近代女权发展的先驱。

为了推行变法维新，梁启超借助办报的影响力，向民众推荐西方名著。他编纂了《西学书目表》，著录、介绍当时中国翻译的西方自然科学、社会科学，以及报章杂论书籍共三百多种，后附《读西学书法》，指导西学的治学门径。《西学书目表》所介绍的图书和所采用的新式目录学方法，在当时的学术界都引起了强烈反响，后续者不断。

在流亡海外的人生第二阶段，梁启超的著作愈发丰硕，许多名著都诞生于这一时期。戊戌变法失败后，他对中国社会问题的了解更加深刻。亲自游历日本、澳洲、美洲后，对西方思想、政治了解得更加直观。在此基础上，他完成了大量著述，主要成就可分为五个方面：

一是塑造近代社会的理想人格形象，作为政治改革的主力军。为此，他写作了《新民说》《自由书》等一系列政论文章，启蒙人民，在当时起到振聋发聩的作用，虽遭清政府一再禁止，但仍在国内畅销，几乎成为青年士子的必读教材。

二是研究各种政治上、经济上的实际问题，既介绍各国实例，又讨论本国现状。其中关于政治的，主要以宪法为中心；关于经济的，以货币、国债问题为中心。

三是致力于中国历史的总结。他撰写《新史学》《中国史叙论》等文章，批判中国传统的帝王将相历史，试图建立新的史学理论体系。他以新史学的视角整理中国的旧思想与旧学说，

梁启超伏案写作

代表作有《论中国学术思想变迁之大势》《中国法理学发达史论》《中国古代币材考》等。他又以新史学的立场和方法为许多重要人物作传，代表作如《赵武灵王传》《管子传》《郑和传》《袁崇焕传》《李鸿章传》等等。

四是介绍西方历史、伟人与哲学思想，主要著作有《斯巴达小志》《雅典小史》《越南小志》《意大利建国三杰传》《新英国巨人克林威尔传》《近世第一女杰罗兰夫人传》《亚里士多德之政治学说》《天演学初祖达尔文之学说及其略传》《法理学大家孟德斯鸠之学说》《乐利主义泰斗边沁之学说》《近世第一大哲康德之学说》等等，这些文章所依据的大多不是西文原典，而是日本人的译注或节选。

五是在文学领域的突破。戊戌变法前后，梁启超与康有为、黄遵宪等人一起倡导"诗界革命"，主张诗歌创作要努力反映新的时代和新的思想，语言通俗而情感饱满，不受旧体格律束缚。流亡日本后，梁启超在《清议报》《新民丛报》等刊物上开辟专栏，发表谭嗣同、唐才常、康有为、黄遵宪等人的作品，又自撰《饮冰室诗话》，阐发理论观点，大力推荐新派诗歌诗人。1902 年，梁启超在日本创办《新小说》，这是中国最早专门刊载小说的杂志。他提出"小说为文学之最上乘"的观点，认为小说具有抨击时弊、改良社会的重要意义，鼓励小说创作。他自己也创作了"政治幻想"小说《新中国未来记》，发表在《新小说》月刊上。

1896年（清光绪二十二年），李鸿章（中）与英国首相兼外交大臣索尔兹伯里（左）、外交副大臣寇松（右）合影

梁启超笔下的李鸿章

洋务派领袖、北洋水师的开创者李鸿章去世后，梁启超根据西方人物传记的体例，为他书写了传记。在写到洋务运动的失败时，梁启超说：李鸿章对西方富强的原因其实是不知道的，以为我国的政治、教化、文明、物产、风俗无一不优于他国，赶不上的不过是枪炮、轮船、铁路、机器罢了。我们就学这些，洋务运动就完成了……李鸿章这么忠诚，有这么敏锐的洞察力，又长时间掌握大权，但成就却仅仅到了今天这个水平，这是为什么呢？这是因为他只知道有军事，却不知道有民政；只知道有外交，却不知道有内政；只知道有朝廷，却不知道有国民。

民国初年，梁启超奔走政坛，著作相对较少，主要针对国内时政热点，以及第一次世界大战等问题进行评论，名作有《异哉所谓国体问题者》《复古思潮平议》《欧洲战役史论》等等。另外，这一时期的梁启超因积极组织党派参政，并先后担任司法总长、币制局总裁、财政总长等重要职务，而对法律、财政、金融等问题发表系统看法，写作如《中国立国大方针》《治标财政策》《余之币制金融政策》等重要文章。

梁启超的小说《新中国未来记》

1902 年，梁启超创作了《新中国未来记》，该小说共五回，约九万字，并未写完。小说畅想了从 1902 年到 1962 年这六十年间中国的变化，惊人地预言了清王朝将在 1912 年垮台，新的共和国将定都南京，新共和国的首功之臣将是一个叫"黄克强"的人。小说中甚至写到世界未来将出现"中文热"、世界博览会将在上海召开等情形，可称文坛奇闻。

梁启超下野后，再次进入创作的高峰期。他首先将旅欧的见闻写成《欧游心影录》，这部《心影录》和此前的《新大陆游记》一样，都是梁启超思想转变的标志性著作。回国后，他开始了以历史研究为核心的系列学术工作，主要涵盖七个方面：一是史学理论与研究方法，代表作是著名的《中国历史研究法》。二是佛教史研究，他拟撰写的《中国佛教史》虽然没有完成，但也写成了诸如《佛教之初输入》《佛教与西域》《佛典之翻译》《佛教教理在中国之发展》等文章。三是先秦诸子研究，主要著作有《老子哲学》《墨经校释》《先秦政治思想史》《先秦学术年表》等。四是清代学术思想研究，主要著作有《清代学术概论》《中国近三百年学术史》《戴东原哲学》等。五是上古历史考辨，主要著作有《太古及三代载记》《纪夏殷王业》等。六是文学史研究，主要著作有《桃花扇注》《陶渊明》《屈原研究》等。七是文献学研究，主要著作有《古书真伪及其年代》《国学入门书要目及其读法》《要籍解题及其读法》等。及

梁启超《治国学的两条大路》手稿

至其过世时，尚有《中国文化史》《辛稼轩先生年谱》《中国之美文及其历史》等重要著作未及完成。

这一阶段的梁启超因为远离政坛，所著述的题材虽然没有脱离第二阶段的范围，但下笔不再以"宣传""致用"为直接目的，学术性更加纯粹，论述更加深刻、细致、严谨，文字也更加平易委婉，不复此前排山倒海的气势。梁启超这一阶段的很多著作，在其所涉及的学科领域内，都具有开拓、奠基的重要作用，是后世研究者的必读书目。

笔耕不辍的梁启超

梁启超用功极勤，一年到头总不肯休息。他从壮年起就养成了夜间写作的习惯，往往彻夜不眠。他的日记中经常出现如："夜作《国会期限问题》一篇二千言，十二时成，一时就榻，三时成寐。"另《戴东原哲学》是他连续三十四个小时不睡觉赶成。梁启超患病后，继续在清华大学上课，虽已无力撰稿，仍指定一两位同学速记，经他校订后编成讲义，刊载于《清华周刊》。他临死前数月，还拼着最后一口气撰写《辛稼轩先生年谱》，在医院治疗时因为得到罕见的史料而欣喜若狂，冒死出院写作。最终身体不支，与世长辞。

小问题

1. 梁启超的一生主要经历了哪几个阶段？

2. 梁启超一生著述主要集中在哪两个时期，各有什么特点？

花絮／链接

观看纪录片:《回望梁启超》(全五集)

梁启超的性格与影响

　　出生在"数千年未有之大变局"时代的梁启超，一生性格可以概括为一个"新"字。他本人极爱这个字，所以自诩并期盼在黑暗中挣扎的国人做"新民"。他多次以"中国之新民"为笔名，著作中有《新民说》，所办的最重要刊物为《新民丛报》，他那"笔端常带感情"、介于文言文和白话文之间的文章风格，也因此而得名"新民体"。

　　在梁启超看来，戊戌变法没有成功，固然有清廷腐朽、积重难返，顽固派势力强大，从中作梗的缘故，但自下而上来看，也存在民智未开的问题。人民在几千年君主专制的重压下，不可避免地养成了奴隶性，四万万人犹如一盘散沙，对国家兴亡漠不关心，自然无法抵御列强的欺凌，不能屹立于世界民族之林。在这种情况下，梁启超站在救亡图存的高度奋起疾呼，呼吁改造国民性，呼唤中国"新民"的诞生。

　　什么样的人民可以被称为中国的"新民"呢？在梁启超看来，这样的人要有强烈的上进心，热爱国家，急公好义，崇尚自由民主，善于求强致富，遵守法律秩序，具有强壮的体魄与健康的心态。所谓"新民"是相对于旧时代的老式人格而言的，是与近代国家发展相适应的理想人格。

梁启超去世后，胡适赠其挽联：

文字收功，神州革命；

生平自许，中国新民。

那么怎样才能改造旧式国民的劣根性，造就一代新民呢？梁启超认为应从三个方面入手：第一是推翻专制政体，从根本上消除中国国民性扭曲的病因，才能使国民扭曲的人格得以恢复，为新民的问世铺平道路。第二是学习其他国家的长处，塑造近代化国家人民应有的品格，让人民形成团体意识、竞争意识、法律意识、公德意识等等。第三是继承祖国优秀的文化遗产，弘扬传统的民族精神，不要厚古薄今，也不必"心醉西风"。

梁启超一生的政治、宣传、学术活动，无不发自内心践行自己对于"新民"的追求，并力图通过自己的努力，改革政治、影响社会、教育国民。许多人批评他一生多变，缺乏坚守，是投机政客。比如在政治上他先是维新派的，戊戌变法失败后一度倾向革命，随后又转为坚定的立宪派。民国初年先与袁世凯合作，担任阁员，继而又反对袁世凯，为拥护共和政体而战。十几年间，政见反复多次。在思想上，他幼年崇尚乾嘉考据之学，见到康有为后则将旧的观点全部抛弃，跟随康有为研究今文经学、托古改制。到日本后热衷西方思想文化，认为资本主义思想、科学主义可以救中国。而晚年旅欧之后，又抛弃这些观点，将世界的前进方向寄托在东方传统文化上。

对于自己的"多变"，梁启超有一句名言，叫做"不惜以今日之我与昨日之我宣战"。他又写过一篇文章，名为《善变之豪杰》。他说：君子的错误，就像日食月食那样明显，人人都能看到，而他一旦改正了错误，大家就会十分仰慕。大丈夫做事要光明磊落，坚持志向直到宗旨达成。至于具体的做法，则要随着情境的变化而变化，随着自己知识的提高而变化，但无论怎样变，最终的宗旨都是不变的。梁启超的宗旨就是爱国，凡是有益于国家和人民的事，他便不惜屡次改变自己的思想与做法，所谓"其方法虽变，然其所以爱国者未尝变也"。

梁启超对一切新思想、新方法都无限热爱，满怀热情地游走于人文社会科学的各个领域，其著作在历史学、文学、哲学、新闻学、政治学、经济学、法学、图书馆学等学科都有开山之功。有人批评他在学问、著作上涉猎太多而失于肤浅。梁启超自己却认为："中国闭塞数百年，最大的需求，就是将世界上所有先进的学问，不限量地输入进来。"他思想敏锐、下笔神速，对各种知识都没有成见，最适合作近代中国思想界的陈胜、吴广，在各个学术领域起到筚路蓝缕的开创性作用，至于细致深入的研究，可以由专门的学者分别承担。

背景阅读

梁启超对新生事物不但热情，而且宽容。1926 年 3 月他因患尿血症住进协和医院。经透视，医生发现其右肾有一黑点，诊断为瘤，遂予以手术割除右肾。术后解剖此肾，果见有一大如樱桃的黑点，但不是癌症。社会上流传的说法是：医生由于判断失误，竟将健康的肾切去。一时间，舆论哗然，西医成为众矢之的。梁启超为此写了一份声明，题目是《我的病与协和医院》，他写道："右肾是否一定要割，这是医学上的问题，我们门外汉无从判断。据当时的诊查结果，罪在右肾，断无可疑。"他不希望别人以他的病为借口，阻碍西医在中国的发展。他说："我们不能因为现代人科学智识还幼稚，便根本怀疑到科学这样东西。"

梁启超以他强烈的爱国主义情怀、传奇的经历、雄健的笔锋，对近代知识分子，特别是青年学生影响巨大。他那半文半白的"新民体"流畅可读，深入浅出地讲述富国强兵的大道理，再交织着动人心魄的热烈感情，吸引了数以百万计的有志青年，对他顶礼膜拜。郭沫若在《少年时代》一文中就回忆说：当时的知识青年"可以说没有一个没有受过他思想的洗礼"，"在他那新兴气锐的言论之前，差不多所有的旧思想、旧风习都好像狂风中的败叶，完全失掉了它的精彩"。

中华人民共和国的开国领袖毛泽东、周恩来等，在青年时期都对梁启超倍加推崇。1910年秋，毛泽东考入湖南湘乡县立东山高等小学堂读书。在这里，他从表兄文运昌的藏书中第一次看到了梁启超主编的《新民丛报》。对《新民丛报》刊载的新鲜内容，毛泽东着迷到了爱不释手的程度，梁启超也成为他特别尊崇的人物。他不仅学习梁氏的思想，模仿梁氏的文风，还给自己取了"子任"（梁启超号"任公"）的笔名，处处以梁启超为楷模。他尤其认同梁启超的"新民说"理论，1918年，毛泽东聚集一批有志向的爱国青年，在长沙成立了"革新学术，砥砺品行，改良人心风俗"的新民学会，学会中的许多会员后来都成为中国共产党的骨干人物。

周恩来在南开学校就读时，曾与梁启超有一面之缘。1917年1月，梁启超应张伯苓校长之邀到南开演讲，即将毕业的周恩来聆听了这场讲座，并以学生记者的身份做了记录。周恩来在"记者识"中这样记述道："任公先生吾国舆论界泰斗，亦近代文豪也……先生慨然登台演讲，历时约一钟有半，气度雍容，言若金玉石，入人脑海。"崇敬之情，溢于言表。南开毕业后的周恩来东渡日本求学，途中常常阅读《饮冰室文集》，与变法失败、流亡日本的前辈梁启超产生了强烈的共鸣。

背景阅读

周恩来日记中的梁启超

1918年1月23日，周恩来在日记中写道："又拿起梁任公的文集来看，念道'十年以后当思我，举国犹狂欲语谁？世界无穷愿无尽，海天寥廓（liáo kuò）立多时'几句诗，我的眼泪快下来。忽然又想到任公做这诗的时候，不过二十七八岁，我如今已痴长十九岁，一事无成，真正是有愧前辈了。"

当然，毛泽东、周恩来等崇拜梁启超的爱国青年，在经历了种种艰难探索之后，思想发生很大变化，最终服膺（yīng）马克思主义学说，走上大破大立、共产主义救中国的道路。而梁启超虽然也曾预言"二十世纪的历史是社会主义的历史""社会主义自然是现在最有价值的学说"，但他自始至终都坚持改良主义，力主阶级调和，认为社会主义与中国国情不相适应。就这样，毛泽东、周恩来等人最终摆脱了梁启超的影响，成为马克思主义战士、无产阶级革命家。即便如此，中华人民共和国成立后，毛泽东对于青年时期的偶像梁启超仍有很高的评价，称赞他年轻时所向披靡（mǐ），又肯定他"是当时最有号召力的政论家"，其文章"一反骈体、桐城、八股之弊，清新平易，传诵一时"。

小问题

1. 怎样理解梁启超一生的"变"与"不变"？

2. 梁启超为什么能对毛泽东、周恩来等进步青年产生巨大影响？

花絮／链接

观看电视剧：《恰同学少年》（全二十三集）

单元活动

1. 组织一场班级演讲比赛，演讲题目为：假如我生在梁启超的时代。

2. 有条件的学校可组织学生参观江门新会梁启超故居、广州万木草堂、北京清华园、天津饮冰室，实地感受梁启超的生活轨迹。

3. 由学校图书馆联合本地区公共图书馆，将馆藏梁启超各类著作集中起来，举办小型展览和读书会，由在校师生和学生家长共同参与。

梁启超大事年表

▲代表梁启超生平经历

★代表梁启超所处时代的重大历史事件

1840年（清道光二十年），出生前三十三年

★中英鸦片战争爆发，中国历史进入"近代史"阶段。

1842年（清道光二十二年），出生前三十一年

★中国历史上第一个不平等条约——《中英南京条约》签订，香港岛被割让给英国，广州、厦门、福州、宁波、上海开放为通商口岸。

★中国第一部系统介绍西方知识的著作《海国图志》五十卷本刊行，作者魏源指出，该书的写作目的是"师夷之长技以制夷"，即学习西方技术，使中国富强起来。

1851年（清咸丰元年），出生前二十二年

★洪秀全等人以"拜上帝会"为主要组织形式，在广西桂平金田村宣布起兵，建号"太平天国"。随后太平军占领南京，控制江南地区十余年，给清王朝的统治以重创。

1856年（清咸丰六年），出生前十七年

★第二次鸦片战争爆发。

1860年（清咸丰十年），出生前十三年

★英法联军攻入北京，火烧圆明园。中国与英、法、俄、美四国分别签订《天津条约》《北京条约》，中国主权进一步丧失。

1861年（清咸丰十一年），出生前十二年

★咸丰皇帝病逝，同治帝生母慈禧太后发动"辛酉政变"，开始临朝听政。

★标榜求强致富的洋务运动开始实施。

★清廷在北京设立"总理各国事务衙门"，管理外交事务。

1864年（清同治三年），出生前九年

★清军攻入南京，太平天国运动失败。

1865年（清同治四年），出生前八年

★俄军趁乱入侵中国新疆，伊犁岌（jí）岌可危。

1873年（清同治十二年），出生

▲2月23日（正月二十六日），梁启超出生于广东省新会县熊子乡茶坑村。祖父梁维清、祖母黎氏，父梁宝瑛、母赵氏。

1874年（清同治十三年），一岁

★日军入侵台湾。

★同治皇帝去世，光绪帝载湉即位。

1876年（清光绪二年），三岁

▲在祖父和母亲的教导下识字，并读四书、《诗经》。

1878 年（清光绪四年），五岁
▲随父读完五经，学习《中国略史》等课程。

1880 年（清光绪六年），七岁
▲能够下笔成文。

1881 年（清光绪七年），八岁
▲能洋洋洒洒写出千余字的文章。
★左宗棠收复伊犁。

1883 年（清光绪九年），十岁
★中法战争爆发。

1884 年（清光绪十年），十一岁
▲赴广州参加"院试"，考取秀才。

1885 年（清光绪十一年），十二岁
▲入广州学海堂读书，开始接触训诂之学。
★中法战争结束，两国缔结和约，清朝承认越南为法国殖民地。

1887 年（清光绪十三年），十四岁
▲母赵氏卒。
▲立志研习章句训诂。

1889 年（清光绪十五年），十六岁
▲中广东乡试第八名举人，主考为李端棻、王仁堪。李端棻赏识梁启超的才华，将堂妹李蕙仙许配其为妻。

1890 年（清光绪十六年），十七岁
▲进京参加会试，未中，回乡途中经过上海，购买《瀛(yíng)环志略》等介绍西方知识的书籍，开始了解世界。
▲同年秋，经同学陈千秋引见，与康有为相识，遂退出学海堂，拜为康门弟子。

1891 年（清光绪十七年），十八岁
▲进入康有为的万木草堂读书，研习中外学术源流、历史政治、沿革得失，辅助康有为撰写《新学伪经考》《孔子改制考》。
▲当年冬，进京，与李蕙仙成婚。

1892 年（清光绪十八年），十九岁
▲会试再次落第，偕妻归乡，专心研习西学。
▲祖父梁维清去世。

1894 年（清光绪二十年），二十一岁
▲再赴京师，与京中名士多有往来。
★中日甲午战争爆发。

1895 年（清光绪二十一年），二十二岁
▲4月，因中日《马关条约》签订，协助康有为发动十八省举人"公车上书"，提出"拒签和约、迁都抗战、变法图强"等主张，虽为清廷所拒，但产生了巨大的社会影响。
▲发起成立政治团体"强学会"，筹办报纸、

译刊西文书籍，后遭封禁。

▲结识谭嗣同、杨锐等人。

1896 年（清光绪二十二年），二十三岁
▲离京至上海，与黄遵宪、汪康年等筹办《时务报》，任主笔，写成《变法通议》《西学书目表》等名篇。

▲结识严复、容闳、章太炎等人。

1897 年（清光绪二十三年），二十四岁
▲赴长沙，与谭嗣同等一起主持湖南时务学堂，讲授新学。

▲筹备南学会，推行地方自治。

▲与黄遵宪共同倡导"诗界革命"。

▲结识唐才常、刘光第、林旭、蔡锷等人。

★德国占据胶州湾，中国有被列强瓜分的危险。

1898 年（清光绪二十四年），二十五岁
▲进京协助康有为筹办保国会。

▲6 月，戊戌变法开始。9 月，慈禧太后发动政变，变法失败，谭嗣同、杨锐、刘光第、林旭、杨深秀、康广仁六君子遇害，康有为、梁启超东渡日本避难，光绪皇帝被幽禁瀛台。

▲12 月，在日本创办《清议报》。

1899 年（清光绪二十五年），二十六岁
▲在日本创办大同、同文等学校，作为留日学生预科。

▲与孙中山联系密切，开始倾向革命。

▲12 月，赴夏威夷留居半年，与孙中山多有联络。

★美国对中国提出门户开放政策。

★义和团运动在华北地区风起云涌。

1900 年（清光绪二十六年），二十七岁
▲由夏威夷返回日本，因义和团事件回国至上海，后闻唐才常等人在汉口遇害，南下香港、新加坡，面见康有为，至澳洲游历。

★八国联军侵华战争爆发，史称"庚子事变"。天津、北京沦陷，慈禧太后偕光绪皇帝逃往西安。中国东南各省督抚与西方列强达成"东南互保"协议。

1901 年（清光绪二十七年），二十八岁
▲复至日本，《清议报》停办。

★慈禧太后在西安宣布实行"新政"。清政府与十一国签订《辛丑条约》。

1902 年（清光绪二十八年），二十九岁
▲在日本创办《新民丛报》，创刊《新小说》。

▲《饮冰室文集》辑成。

★慈禧、光绪回銮北京。

1903 年（清光绪二十九年），三十岁
▲赴美洲游历，先后抵达温哥华、纽约、波士顿、华盛顿、费城、匹兹堡、芝加哥、西雅图、旧金山、洛杉矶等地，当年返至日本后写成《新大陆游记》。

1904 年（清光绪三十年），三十一岁
▲由日本赴香港，再至上海，筹办《时报》，

随后返日。

★日俄战争在中国东北土地上爆发，清政府宣告局外中立。

1905年（清光绪三十一年），三十二岁

▲《饮冰室文集》重编本出版。

▲清政府为挽救时局，派载泽等五大臣分赴欧、美、日考察各国政体，梁启超代五大臣写作《考察各国宪政报告》。

★由孙中山任总理的反清革命团体中国同盟会在东京成立，机关报《民报》创刊。

1906年（清光绪三十二年），三十三岁

▲在日本。

▲革命派与立宪派分别以《民报》《新民丛报》为理论阵地，思想论战日益激烈。

★清末立宪运动兴起。

1907年（清光绪三十三年），三十四岁

▲为组党事奔走上海、神户、东京之间，在东京组织政闻社，以《政论》为机关报。

▲《新民丛报》停刊。

1908年（清光绪三十四年），三十五岁

▲政闻社因清政府查禁而解散，《政论》停刊。

★清廷批准《宪法大纲》。慈禧太后、光绪皇帝相继去世，宣统皇帝登基，醇亲王载沣摄政。

1909年（清宣统元年），三十六岁

▲各省咨议局先后成立，并纷纷组织国会请愿同志会，敦促清廷尽快召开国会，梁启超

在日本指导运动进行。

★载沣逼迫军机大臣袁世凯"开缺回籍"。

1910年（清宣统二年），三十七岁

▲创办《国风报》。

▲撰文批评清政府阻挠召开国会，呼吁社会各界继续投入请愿。

★清廷成立资政院。各地请开国会运动风起云涌。

1911年（清宣统三年），三十八岁

▲年初，赴台湾游历，3月，返至日本。

▲年底，袁世凯敦请梁启超回国"商定大计，共扶宗邦"。

★5月，清廷在立宪派国会请愿的敦促下成立"责任内阁"，被讥讽为"皇族内阁"。

★6月，四川保路运动爆发，清廷派兵镇压。

★10月，武昌打响第一枪，辛亥革命爆发，各省纷纷响应，宣布独立。

★11月，"皇族内阁"解散，清廷重新启用袁世凯为内阁总理大臣。

1912年（民国元年），三十九岁

▲10月，结束流亡生活，由日本回国。

★1月，孙中山在南京就任临时大总统，中华民国临时政府成立。

★2月，清帝逊位，参议院选举袁世凯为临时大总统。

★8月，同盟会改组为国民党，选举孙中山为理事长。

1913年（民国二年），四十岁

▲5月，成立进步党，任理事，随后出任熊希龄内阁司法总长。

★宋教仁遇刺，二次革命爆发。

1914年（民国三年），四十一岁

▲2月，辞去司法总长职务，就任币制局总裁，后仍辞去。

★孙中山在日本成立中华革命党，亲任总理。

★第一次世界大战爆发。

1915年（民国四年），四十二岁

▲1月，创办《大中华》杂志。

▲8月，反对袁世凯称帝，撰写《异哉所谓国体问题者》，申明国体不可轻变。

★5月，袁世凯与日本签订"二十一条"。

★9月，陈独秀创办《青年杂志》，后改名《新青年》，提倡民主与科学，新文化运动开始。

★12月，袁世凯称中华帝国大皇帝，蔡锷等成立护国军，通电讨袁。

1916年（民国五年），四十三岁

▲竭力支持护国讨袁运动，将护国运动中所撰公文函电结为《盾鼻集》。

▲蔡锷去世，梁启超创办松坡图书馆，纪念蔡锷。

▲父梁宝瑛病逝。

★袁世凯被迫取消帝制，后在忧惧中病故，黎元洪出任大总统。

1917年（民国六年），四十四岁

▲7月，出任段祺瑞内阁财政总长，同年辞去。

★张勋复辟，随即失败。段祺瑞内阁拒绝恢复《临时约法》和召开国会，孙中山在广东发动护法运动。

★俄国十月革命爆发。

1918年（民国七年），四十五岁

▲12月，由北京启程赴欧洲游历。

★第一次世界大战结束。

1919年（民国八年），四十六岁

▲抵达欧洲，考察巴黎和会情况。发起国际联盟同志会，任理事长。赴西欧各国及一战各大战场考察。

★5月，五四运动爆发，规模不断扩大。

★10月，孙中山改组中华革命党为中国国民党。

1920年（民国九年），四十七岁

▲由欧洲回国。创办"共学社"，编译新书；创办"讲学社"，邀请各国学者来华演讲。

★直皖战争爆发，皖系失败。

★11月，陈独秀起草《中国共产党宣言》。

1921年（民国十年），四十八岁

▲应南开大学聘请，主讲中国文化史。多次在京、津两地大学演讲。

★7月，中国共产党一大召开，中国共产党成立。

1922年（民国十一年），四十九岁

▲在全国各地进行学术演讲，涉及教育、美术、宗教、文化、历史、政治与社会问题诸方面。

★第一次直奉战争爆发，奉系落败。

★全国各地出现大规模工人罢工。

1923年（民国十二年），五十岁

▲1月，发起创办文化学院，自任院长。

▲11月，松坡图书馆建成，任馆长。

★国民党公布《党纲》，阐明三民主义与五权宪法的内容。

★孙中山与苏俄代表越飞发表联合宣言，公开确立联俄政策。

1924年（民国十三年），五十一岁

▲4月，邀请印度大诗人泰戈尔来华交流中印文化。

▲9月，夫人李蕙仙病逝，恸(tòng)悼之。

★1月，国民党一大在广州召开，第一次国共合作开始。

★9月，第二次直奉战争爆发。10月，北京政变，溥仪被迫离开紫禁城。

1925年（民国十四年），五十二岁

▲9月，主持清华国学研究院。

▲12月，就任国立京师图书馆（今国家图书馆）馆长。

★3月，孙中山在北京病逝。

1926年（民国十五年），五十三岁

▲2月，患病入协和医院诊治，被割去右肾。

▲4月，兼任北京图书馆馆长、司法储才馆馆长。

★国民革命军大举北伐，节节胜利。

1927年（民国十六年），五十四岁

▲开始编纂《中国图书大辞典》。

▲3月，康有为去世，赠以祭文、挽联。

▲因病辞去国立京师图书馆馆长职务。

★第一次国共合作破裂。8月，南昌起义爆发，中国工农革命军成立。

1928年（民国十七年），五十五岁

▲病重，辞去清华国学研究院职务。

▲坚持编写《辛稼轩先生年谱》，为绝笔。

★4月，毛泽东、朱德率领的部队在井冈山会师。

★6月，北伐军攻克北京，奉系军阀张作霖撤至沈阳皇姑屯时被日本关东军炸死，其子张学良随后宣布东北易帜，支持蒋介石领导的南京国民政府，中国实现形式上的统一。

1929年（民国十八年），五十六岁

▲1月19日，病逝于北京协和医院。

梁启超足迹图

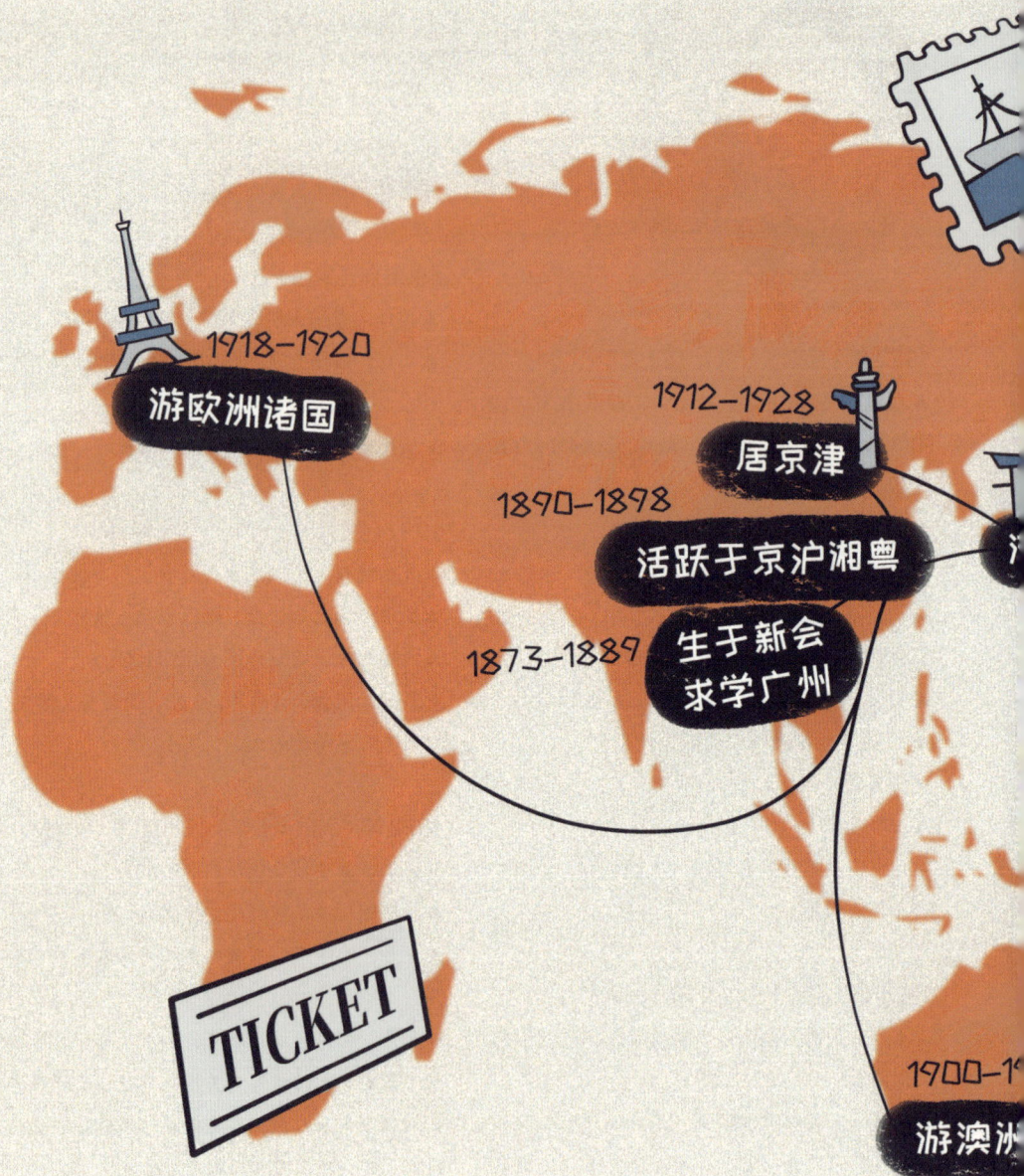

1918-1920
游欧洲诸国

1912-1928
居京津

1890-1898
活跃于京沪湘粤

1873-1889
生于新会
求学广州

TICKET

1900-1
游澳洲

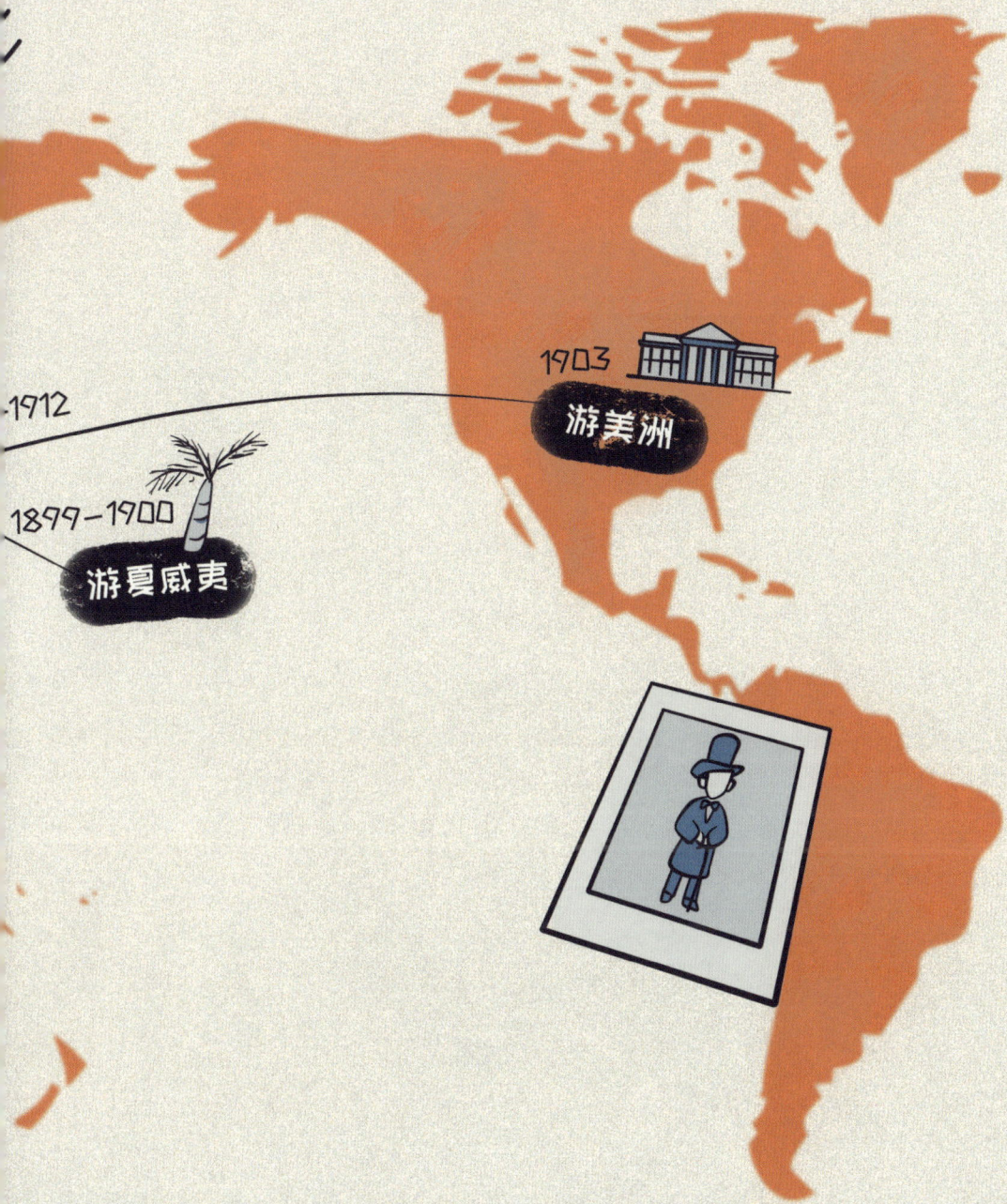

1903 游美洲

-1912

1899-1900 游夏威夷

第二单元

变法

拍碎双玉斗，
慷慨一何多。
满腔都是血泪，
无处著悲歌。
三百年来王气，
满目山河依旧，
人事竟如何？
百户尚牛酒，
四塞已干戈。

单元导读

发生在 1898 年的戊戌变法，是中国近代史的关节点之一。以此为契机，年仅二十五岁的梁启超作为维新派的重要代表人物，与老师康有为并称"康梁"，登上中国政治舞台的最中心，从此立于潮头，勇作先驱。

甲午战争的失败和《马关条约》的签订，激起了中国人民的万般忧愤和普遍反思，无论皇帝大臣，还是平民百姓，几乎得出相同的结论：中国必须要奋发图强。一部分知识分子则在思考这样的问题：为什么搞洋务、开工厂、买枪炮、练海军，洋务派的名臣大将三十年苦心经营，仍然不能承受小国日本一击？以康有为、梁启超为代表的维新派认为，现下中国只有在政治上有所改变，弃旧图新，才能实现富强。他们通过上书请愿、创办报刊、开设学会和学堂，使维新力量初具规模。

1898 年 6 月 11 日，一心雪耻自强的光绪皇帝颁布《定国是诏》，在维新派人士的支持下开始变法。变法政策包括政治、军事、经济、文教、社会风气等诸多方面，虽然没有涉及维新派开国会、施行君主立宪的最高目标，但也威胁到慈禧太后的权力和守旧大臣的利益。因为反对者的强横顽固和维新力量的脆弱天真，变法仅仅持续了一百零三天，就惨烈夭折。9 月 21

日，慈禧太后发动政变，光绪皇帝被囚，六君子赴难，初现维新曙光的中华民族，再次被阴霾重重罩住，更显黯（àn）晦凄凉。梁启超同老师康有为一样，在友人的帮助下，仓皇逃亡日本，意在为维新事业保存力量。

本单元所选的诗文，均是梁启超戊戌变法相关作品。有甲午战争后的抒愤，有为新政举措拟写的章程，更有变法失败后对故交的怀悼和对国家前途的忧虑。学习这一组诗文时，同学们不但要了解变法从宣传到实施再到失败的大致过程，还应用心体会这一过程中梁启超思想、情感的发展变化。

背景阅读

戊戌变法期间颁布的主要政策

政治改革：一、广开言路。各级官员有所建议，都可以通过本衙门长官代递奏折，上书皇帝。普通百姓可以到都察院反映意见。二、精简机构。撤销了一些中央衙门，各省也要相应精简。三、任用新人。重用维新派人士如谭嗣同等。

军事改革：训练新式陆军，造军舰，建海军。

经济改革：一、发展商业，在各省成立商务局。二、发展科技，保护专利。三、允许民间办工厂等。

文教改革：一、废八股，科举考试改试策论。二、模仿西方模式兴办新式学堂，设立京师大学堂。

社会改革：破除封建迷信，将许多寺庙、祠堂改为学堂等。

水调歌头·甲午

　　1894 年，中日甲午战争爆发，中国战败，北洋水师全军覆没。甲午战争的惨败，给晚清士人的心灵带来极大震撼。两次鸦片战争的失败固然惨痛，但被一直以中国为师的"蕞（zuì）尔小国"日本击败，更令中国人难以接受。次年，清政府与日本签订《马关条约》，中国被迫放弃对朝鲜的宗主国地位，割让辽东半岛、台湾岛及其附属各岛屿、澎湖列岛，赔偿白银二亿两等。消息传到北京，包括梁启超在内的会试举人群情激愤，台湾籍举人更是痛哭流涕。这阕《水调歌头·甲午》，正是此时的梁启超和着血与泪、悲与愤，慷慨写作而成的。

　　为了制止清政府的割地卖国行为，梁启超协助老师康有为，组织发动十八省举人"公车上书"，提出"拒签和约、迁都抗战、变法图强"等主张，虽为清廷所拒，但产生了巨大的社会影响，揭开维新运动的序幕。当时，年仅二十二岁的梁启超作为康有为的重要助手，一面组织会议、联络人士，一面撰文誊录、起草奏疏，发挥了突出作用。1895 年 8 月，康有为在北京创办《万国公报》，梁启超作为该报的主要撰稿人，宣传西学，鼓吹变法，在争取舆论方面成绩卓著。短短几个月时间，梁启

致远号巡洋舰

超就凭借高昂的激情和过人的能力，从一个人微言轻的普通士子，成为广为人知的维新领袖。

【正文】

拍碎双玉斗[1]，慷慨一何多。满腔都是血泪，无处著悲歌。三百年来王气，满目山河依旧，人事竟如何？百户尚牛酒[2]，四塞已干戈。

千金剑[3]，万言策[4]，两蹉跎（cuō tuó）。醉中呵壁自语[5]，醒后一滂沱（pāng tuó）[6]。不恨年华去也，只恐少年心事，强半为销磨。愿替众生病，稽首礼维摩[7]。

【注释】

1 玉斗：玉制酒器。

2 百户：指军队的低级军官。

3 千金剑：贵重的宝剑，喻指才能。

4 万言策：直言进谏的奏章。

5 呵壁：典故出自汉王逸《楚辞章句·天问序》。指失意者发泄心中愤懑之情。

6 滂沱：形容泪水流得多。

7 稽首：跪拜礼，叩头至地，是九拜中最恭敬的一种。 维摩：居士维摩诘（jié）曾说："以一切众生病，是故我病；若一切众生得不病者，则我病灭。"此处指梁启超愿效法维摩居士，代替众生而病。

【解析】

上阕起句，将不平之气一发无余，满腔血泪不知如何排遣。清朝开国二百余年，江山依旧，国力却大为衰退。军官们还在吃肉饮酒，国境却已战尘四起，这让人如何能不痛心疾首、椎心泣血。

梁启超在下阕讲到，虽然有报国的忠心与救国的才能，志向却得不到实现。只能借笔墨文章抒愤，醉后一场大哭而已。人生在世，老去并不可怕，可怕的是少年壮志被岁月消磨。他愿意效仿维摩诘居士，哪怕以一己之身代替国家、人民受难，也在所不惜。

梁启超 永远的少年

明治维新

近代日本的崛起，是在明治维新之后。1853 年美国海军舰队两次强行驶入日本江户港，迫令德川幕府接受开港要求，这与 1840 年中英鸦片战争前后相差仅十余年。一系列不平等条约的签订、民族危机的爆发，激发了日本有识之士的图强之心，这也与中国的情况有相近之处。但是，日本的爱国者们成功推翻了幕府统治，到 1868 年明治天皇即位，开始了迈向近代化的改革步伐。君主立宪政体的确立，工业的发展，军事、教育、文化诸多领域的改革，使得日本国力逐渐强盛，也日益成为中国的海上劲敌。

小作业

背诵梁启超的词作《水调歌头·甲午》

花絮／链接

观看电影:《甲午风云》
观看纪录片:《甲午祭》(全四集)

京师大学堂章程（节选）

【导读】

　　《京师大学堂章程》（本篇以下简称《章程》）是北京大学的前身、我国近代第一所国立大学——京师大学堂的第一份办学规范，也是中国近代高等教育最早的学制纲要。《章程》由梁启超拟定，经光绪皇帝批准实施。京师大学堂是戊戌变法的政治遗产。1896 年 6 月，变法的支持者、梁启超夫人的堂兄、刑部左侍郎李端棻向光绪皇帝上呈《请推广学校折》，提出成立京师大学堂，并在全国各省府州县广设学堂。光绪批准这一建议，任命吏部尚书、协办大学士孙家鼐（nài）为管学大臣，创建京师大学堂，作为全国最高学府兼最高教育行政机关。

京师大学堂旧址

1898 年 9 月，慈禧太后发动政变，戊戌变法失败，各项新政多遭废弃，只有京师大学堂被保留下来。

《章程》共八章，五十四节，以"中学为体，西学为用"的办学宗旨，规定京师大学堂设于京师，统辖各省学堂，内附设中小学堂及师范斋，以及设藏书楼、创仪器院、开译书局、广立报馆、选派游历等，旨在培养中西会通的非常之才。《章程》对课程、考核方法、生源、毕业去向、教职人员、财政预算等方面都做出了详细规定。《章程》中提出的兼容并包、中西并用，重视通识教育、师范教育，课程设置要"严密切实"，破格选拔人才等教育思想，都具有重要的历史意义和实践价值，为中国现代高等教育发展设计了良好的开端。本篇所选的内容，是《章程》的第二章。全章共六节，分别规定了京师大学堂的课程设置、学习要求和考核办法。

【正文】

第二章　学堂功课例

第一节　近年各省所设学堂，虽名为中西兼习，实则有西而无中，且有西文而无西学。盖由两者之学未能贯通，故偶涉西事之人，辄鄙中学为无用。各省学堂，既以洋务为主义，即以中学为具文。其所聘中文教习，多属学究帖括之流[1]；其所定中文功课，不过循例咿唔 (yī wú) 之事[2]。故学生之视此学亦同赘疣 (zhuì yóu)[3]，义理之学全不讲究，经史掌故未尝厝 (cuò) 心[4]。考东西各国，无论何等学校，断未有尽舍本国之学而徒讲他国之学者，亦未有绝不通本国之学而能通他国之学者。中国学人之大弊，治中学者则绝口不言西学，治西学者亦绝口不言中学。此两学所以终不能合，徒互相诟（gòu）病，若水火不相入也。夫中学，体也；西学，用也。二者相需，缺一不可，体用不备，安能成才？且既不讲义理，绝无根柢（dǐ），则浮慕西学，必无心得，只增习气。前者各学堂之不能成就人才，其弊皆由于此。且前者设立学堂之意，亦与今异。当同文馆、广方言馆初设时[5]，风气尚未大开，不过欲培植译人，以为总署及各使馆之用，故仅教语言文字而于各种学问皆从简略。今此次设立学堂之意，乃欲培植非常之才，以备他日特达之用，则其教法亦当不同。夫仅通中国语言文字之人，必不能谓为中学之人才；然则仅通西国语言文字之人，亦不能谓为西学之人才，明矣。西文与西学，二者判然不同，各学堂皆专教西文，而欲成就人才，必不可得矣。功课之完善与否，实学生成就所攸关，故定功课为学堂第一要著。今力矫流弊，标举两义：一曰中西并重，观其会通，无得偏废；二曰以西文为学堂之一门，不以西文为学堂之全体。以西文为西学发凡，不以西文为西学究竟。宜昌明此意，颁示各省。

【注释】

1 帖括：泛指科举应试文章。

2 咿唔：象声词，形容读书的声音。

3 赘疣：本指皮肤上的肉瘤，比喻多余无用的东西。

4 厝：安置。

5 同文馆：清末第一所官办外语学校，咸丰十年（1860）由恭亲王奕䜣奏请在北京开设。 广方言馆：清末上海第一所外语专科学校，同治二年（1863）由李鸿章奏请开设。

梁启超 永远的少年

【解析】

在学堂功课例的第一节，梁启超着重辨析了中国新式教育初兴时的常见思想误区及其产生原因，反对重西学、轻中学，重语言、轻学问的课程安排，强调中西并重、中西贯通。他具体说道：

近年各省开设的新式学堂，虽然名为中西兼顾学习，实际上都是有西而无中，而且有西方的语言却没有西方的学问。因为中西学问没有贯通，所以那些对西学一知半解却又沾沾自喜的人，动辄鄙弃中国的学问没有用。于是各省的新式学堂都把西学当成主要功课，把中国学问弃置一边。他们聘请的中文教

京师大学堂成立时的门匾

师，大多是八股学究；他们设计的中文功课，大多是死记硬背。所以学生把这门功课也看得很轻，义理之学全不讲究，经史之学未曾下过功夫。考查各国学校，绝没有不讲本国学问而只讲外国学问的；看看那些大学者，也绝没有谁对本国学问一窍不通而专通外国学问的。现在中国学人的严重弊端，就是研究中国学问的人就绝口不谈西方学问，研究西方学问的人也绝口不谈中国学问。两种学问不能融会贯通，只会互相攻击谩骂、水火不容。对中国人来说，中国的学问是本体，西方的学问是功用，二者缺一不可，缺一就不能成才。况且不讲中国的义理，学问就没有根基，只是表面上向往西学，就一定不能深入，徒增傲气而已。以前各学堂培养不出有用的人才，原因就在于此。何况从前设立学堂的意图，也和今天不同。在同文馆、广方言馆刚刚开设的时候，研究西学的风气还不太盛，设馆不过是为了培养语言翻译人才，用来满足外交需求，所以在课程设置中仅仅教授外国语言文字，而对各种外国的学问都一概简单略过。今天我们设立京师大学堂，是要培养杰出的俊才，做未来国家的栋梁，所以教学方法也应该不同。仅仅懂得中国语言文字的人，绝对不能说算是中国学问的人才；仅仅懂得西方语言文字的人，也绝对不能说算是西方学问的人才，这是显而易见的。西方语言文字与西方学问，二者有明显不同，各学堂只教授西方语言文字，是不可能培养出优秀西学人才的。学校功课是否完善，是学生能否学有所成的关键，所以明确科目是学堂的头等大事。今天我们力求矫正常见弊端，重点提出两个理念：一是中西并重，要考察学生会通中西的能力，不可以偏废其一；二是把西方语言文字作为一门工具课，而不是西学课程的全部；把西方语言文字作为学习西学的基础，而不是学习目标。我们要大力倡导这样的理念，颁布文件告示各省。

【正文】

第二节　西国学堂所读之书皆分两类：一曰溥(pǔ)通学[1]，二曰专门学。溥通学者，凡学生皆当通习者也。专门学者，每人各占一门者也。今略依泰西、日本通行学校功课之种类[2]，参以中学，列为一表如下：

经学第一，理学第二，中外掌故学第三，诸子学第四，初级算学第五，初级格致学第六[3]，初级政治学第七，初级地理学第八，文学第九，体操学第十，以上皆溥通学。其应读之书，皆由上海编译局纂成功课书，按日分课。无论何种学生，三年之内必须将本局所纂之书，全数卒业，始得领学成文凭。惟体操学不在功课书内。

英国语言文字学第十一，法国语言文字学第十二，俄国语言文字学第十三，德国语言文字学第十四，日本语言文字学第十五。以上语言文字学五种，凡学生每人自认一种，与溥通学同时并习，其功课书悉各该本国原本。

高等算学第十六，高等格致学第十七，高等政治学第十八（法律学归此门），高等地理学第十九（测绘学归此门），农学第二十，矿学第二十一，工程学第二十二，商学第二十三，兵学第二十四，卫生学第二十五（医学归此门）。

以上十种专门学，俟(si)溥通学卒业后，每学生各占一门或两门。其已习西文之学生，即读西文各门读本之书；其未习西文之学生，即读编译局译出各门之书。

【注释】

1 溥通学：普通学，即现在我们常说的通识教育、基础学科。

2 泰西：泛指西方国家。

3 格致学：这里指物理、化学等自然科学。

【解析】

在这一节中，梁启超提出基础学科与专门学科相结合的教育理念：低年级学生兼修文、理基础知识，以及体育、外语，达到一定程度后，方可择定一门专业，继续深造。这样的课程设置，与我们现在大学所提倡的通识教育高度契合，对于学生人格与知识的全面养成，有重要帮助。其先见之明，可见一斑。梁启超说：

西方大学的课程设置分成两类：第一类叫普通学科，第二类叫专门学科。普通学科，是所有学生都要学习精通的；专门学科，是每人要选择一门来学习的。现在我们京师大学堂也大致按照西方、日本通行的科目分类，以中国学问分类做参考，分科列表如下：

普通学科有十门课程，第一门经学，第二门理学，第三门中外掌故学，第四门诸子学，第五门初级数学，第六门初级自然科学，第七门初级政治学，第八门初级地理学，第九门文学，第十门体操学。这些课程应该阅读的著作，都由上海编译局编

梁启超 永远的少年

成教材，按日分配课时。所有学生三年之内必须将以上课程学完，才能获得文凭。只有体操学不用教材。

第十一门英国语言文字学，第十二门法国语言文字学，第十三门俄国语言文字学，第十四门德国语言文字学，第十五门日本语言文字学，以上是外国语言文字学五种课程，学生每人认选一种，与普通科课程同时一起学习，教材全部采用各国的原版。

第十六门高等数学，第十七门高等自然科学，第十八门高等政治学（法律学归入这一门），第十九门高等地理学（测绘学归入这一门），第二十门农学，第二十一门矿学，第二十二门工程学，第二十三门商学，第二十四门军事学，第二十五门卫生学（医学归入这一门）。以上是十种专门学科，等到普通科课程学完后，每位学生各选取一门或两门学习。已经学过西方语言文字的学生，直接开始阅读该学科西文教材；未学习过西方语言文字的学生，就以编译局翻译的西文书籍为教材。

【正文】

第三节　凡学生年在二十以下，必须认习一国语言文字，其年在二十一以上，舌本已强(jiàng)，不能学习者，准其免习，即以译出各书为功课；惟其学成得奖，当与兼习西文者稍示区别。

第四节　本学堂以实事求是为主，固不得如各省书院之虚应故事，亦非如前者学堂之仅袭皮毛。所定功课，必当严密切实，乃能收效。今拟凡肄(yì)业者[1]，每日必以六小时在讲堂，由教习督课，以四小时归斋自课。其在讲堂督课之六小时，读中文书、西文书时刻各半。除休沐日之外[2]，每日课肆时刻不得缺少，不遵依者，即当屏出。

【解析】

以上两节是具体的学习要求。其中第三节是语言学习的要求：

凡是学生年龄在二十岁以下的，必须认领学习一种外语。年龄在二十一岁以上的，口舌僵化，难以学习新语言，准许免于学习外语，可以用各种译本做教材。但他们最终获得的学位，应该和学习了外语的学生有所区别。

第四节是学时要求：

本学堂教学讲究实事求是，绝不允许像各省书院上课那样敷衍了事，也不能像以前的新式学堂那样，仅仅学西方大学的形式皮毛。学堂的课程设置，一定要严格实用，才能收到教学效果。现在规定，凡是在学的学生，每天一定要有六小时在课堂上由教官监督上课，四小时回到住处自学。学生的课堂六小时中，读中文书、西文书的时间各占一半。除休假外，每天不准旷课，凡是不遵守规定的，就要开除。

【正文】

第五节　考验学生功课之高下，依西例，用积分之法，每日读编译局所编溥通学功课书，能通一课者，即为及格。功课书之外，每日仍当将所读书条举心得，入札记册中。其札记册呈教习评阅，记注分数，以为高下之识别。其西文功课，则以背诵、默写、解说三事记注分数。每月总核其数之多寡，列榜揭示。

第六节　每月考课一次，就溥通学十类中每类命一题，以作两艺为完卷。其头班学生习专门学者，则命专门之题试之，由教习阅定，分别上取、次取。其课卷、札记列高等者，择优刊布，如同文馆、算学、课艺之例，布诸天下，以为楷模。

【解析】

以上两节讲学生课业的考核办法。其中第五节讲日常考核：

考察检验学生功课的好坏，依照西方规则，采取积分法。学生每天读编译局编的普通学科教材，能学通一门课的，就算是及格。教材之外，每天还要在札记本里写读书笔记若干条，札记本要交给老师评阅打分，作为功课好坏的依据。学生的西文功课，则以背诵、默写、解读三项的水平打分。每个月计算总分，张榜公开。

第六节讲考试：

学生每个月考试一次，普通学科十门，每门命题一道，能做出两道的可以认定为合格。已经进入专门学科学习的学生，就出专门课的题目考试，卷子由教师审阅打分，分为上等、次等。考卷、读书笔记被列入上等的学生，选择其中最优秀的公布出来，按照同文馆数学学习的旧例，公示天下，予以表彰。

背景阅读

宣统元年京师大学堂部分考试题目

算术科

（一）设如京汉铁路长二千四百里，甲车开自京师，每点钟行八十里；乙车开自汉口，每点钟行五十里，相向出发，但甲车先开四点钟乙车始开行，问乙车行几点钟后二车相遇？

物理科

（一）满盛水于器，投以食盐少许，及盐皆溶解，何以水不溢出？试申言其故。

中西历史科

（一）周之发祥始于何地？取毁何其勃焉？大封同姓异姓，各有胙（zuò）土，其用意何在？何以东迁以后周室日微，宜如何因时制宜，以保国家而维郅（zhì）治？

（二）大国文明共有几国，界于何地？

（三）为大引线于西欧者是何国？

小问题

你怎么看京师大学堂课程设计和考试办法？

花絮 / 链接

扫描二维码阅读《京师大学堂章程》

谭嗣同传（节选）

【导读】

这篇文章是梁启超名作《戊戌六君子传》中的一篇，是他流亡日本后的回忆之作，初刊载于 1899 年的《亚东时报》，原名《六士传》。六君子，即戊戌变法失败时，被慈禧太后抓捕并杀害于北京菜市口的六位维新志士：谭嗣同、杨锐、林旭、刘光第、杨深秀、康广仁。

传主谭嗣同生于 1865 年，字复生，号壮飞，湖南浏阳人。近代著名政治家、思想家、维新志士。他出身显赫，父亲谭继洵（xún）曾担任湖北巡抚。然而谭嗣同绝不是一般富贵人家的纨绔子弟，他从少年时起就有强烈的爱国热忱和侠义之心。他四处游历，与仁人义士、江湖侠客往来，学习中西学问和武术骑射。甲午战后，谭嗣同激愤不已，时时叹息国家的前途命运，竭力提倡新学，呼号变法。1895 年，谭嗣同与梁启超在北京相识，二人一见如故，常在一起探讨救亡图强之道。1897年，谭嗣同回到故乡湖南，在湖南巡抚陈宝箴（zhēn）的支持下创办讲授新学、宣传维新的时务学堂，并引荐梁启超担任学堂总教习。同时又在长沙创办南学会，推动地方自治。近代湖南风气开明领全国之先，生命止于三十三岁的谭嗣同居功至伟。

1898 年 6 月 11 日，光绪帝颁布《定国是诏》，百日维新拉开序幕。谭嗣同被任命为四品军机章京，成为戊戌变法大业的先锋。8 月，变法出现危机，光绪皇帝感受到危险的临近，谭嗣同毅然代皇帝向掌握兵权的袁世凯求助，最终被袁世凯告发，为维新事业与道德理想英勇殉难。

谭嗣同短暂的一生，始终带着近乎憨直的热情与勇气，他不是一个成功的改革者，却是一位激荡人心的烈士。梁启超为谭嗣同作传，有他宣扬政见的目的，但更多是对挚友的怀悼。这篇传记深沉雄壮，文情并茂，写事变扣人心弦，写赴难昂然壮烈，具有历史与文学的双重价值。

谭嗣同

【正文】

　　初，君之始入京也，与言皇上无权西后阻挠之事，君不之信。及七月二十七日，皇上欲开懋 (mào) 勤殿设顾问官[1]，命君拟旨，先遣内侍持历朝圣训授君，传上言康熙、乾隆、咸丰三朝有开懋勤殿故事，令查出引入上谕中，盖将以二十八日亲往颐和园请命西后云。君退朝，乃告同人曰："今而知皇上之真无权矣。"至二十八日，京朝人人咸知懋勤殿之事，以为今日谕旨将下，而卒不下，于是益知西后与帝之不相容矣。二十九日，皇上召见杨锐，遂赐衣带诏，有"朕位几不保，命康与四卿及同志速设法筹救"之诏[2]。君与康先生捧诏恸哭，而皇上手无寸柄，无所为计。时诸将之中，惟袁世凯久使朝鲜，讲中外之故，力主变法。君密奏请皇上结以恩遇，冀(jì)缓急或可救助，词极激切。

【解析】

　　本篇所选，是梁启超所述谭嗣同为救护光绪皇帝密访袁世凯，事机败露英勇就义的部分。他回忆说：

　　谭复生刚刚进京时，我告诉他现在的局势是皇上没有实权，而慈禧太后一直阻挠皇上主政，他并不相信。到了七月二十七日，皇上要在懋勤殿设置顾问官，命令复生拟定圣旨。皇上派太监将列位先帝曾经设官顾问的上谕都交给复生，传皇上的话说，康熙、乾隆、咸丰三朝都有过开懋勤殿的旧事，让复生引用这些话作为依据，草拟圣旨，然后由皇上在二十八日亲自去颐和园向太后请命。复生退朝后，向维新同仁们说："今天才知道皇上真的是没有实权啊！"到了二十八日，北京官场都知道了皇上要开懋勤殿的事，以为就要下旨了，哪知道谕旨始终未发，于是朝中上下都意识到太后和皇帝的矛盾已经公开化了。二十九日，皇上召见了杨锐，赐给他"衣带诏"，里面写着"我的皇位已经很危险了，康先生、军机四章京、维新同仁们要赶紧设法救我"这样的话。复生和康先生捧着诏书痛哭流涕，可想到皇上手上一点权力都没有，实在无计可施。当时的各位将领中，只有袁世凯长期出使朝鲜，每次谈到中外形势，都力主变法。于是复生秘密上奏，请求皇上施恩笼络袁世凯，万一遇到危险，可以得到他的救护。复生上奏时激昂痛切，令人动容。

【正文】

八月初一日，上召见袁世凯，特赏侍郎。初二日复召见。初三日夕，君径造袁所寓之法华寺，直诘袁曰："君谓皇上何如人也？"袁曰："旷代之圣主也。"君曰："天津阅兵之阴谋，君知之乎？"袁曰："然，固有所闻。"君乃直出密诏示之曰："今日可以救我圣主者，惟在足下，足下欲救则救之。"又以手自抚其颈曰："苟不欲救[1]，请至颐和园首仆而杀仆，可以得富贵也。"袁正色厉声曰："君以袁某为何如人哉？圣主乃吾辈所共事主，仆与足下同受非常之遇，救护之责，非独足下，若有所教，仆固愿闻也。"君曰："荣禄密谋[2]，全在天津阅兵之举，足下及董、聂三军，皆受荣所节制，将挟兵力以行大事。虽然，董、聂不足道也，天下健者惟有足下。若变起，足下以一军敌彼二军，保护圣主，复大权，清君侧，肃宫廷，指挥若定，不世之业也。"袁曰："若皇上于阅兵时疾驰入仆营，传号令以诛奸贼，则仆必能从诸君子之后，竭死力以补救。"君曰："荣禄遇足下素厚，足下何以待之？"袁笑而不言。

【注释】

1 苟：如果。

2 荣禄（1836-1903）：字仲华，姓瓜尔佳氏，满洲正白旗人。他是慈禧太后的亲信，时任直隶总督，掌握兵权。

【解析】

八月初一日，皇上召见了袁世凯，特意赏赐他侍郎官职，初二日再次召见。初三日黄昏，复生径直去了袁世凯的住所，问袁世凯："您觉得皇上是一个什么样的人？"袁世凯说："是自古罕见的圣明君主啊。"复生又问："天津阅兵的阴谋，您知道吗？"袁世凯说："是的，我已经听说了。"复生直接拿出皇上的密诏给他看，说："现在救护圣主的希望，只能寄托在您身上了，是不是出手相救，您自己思量吧。"他又随手摸了摸自己的脖颈说："如果不想救，请到颐和园向太后告发杀了我，您就可以大富大贵了。"袁世凯正色厉声说："你把我袁某当成了什么人了？皇上是您的皇上，也是我袁某的皇上，我和您同受皇上非常的恩遇，救主之事我责无旁贷！您有什么可以指教的，我愿意听命。"复生说："荣禄的阴谋全在这次天津阅兵，您和董福祥、聂士成三支军队，都受荣禄指挥调遣，他会裹挟你们的兵力发动政变。董、聂二部不足挂齿，您率领的才是精兵强将。如果事变发生，请您领兵以一敌二，保护圣主，恢复皇权，清除奸臣，整肃宫廷。您如果能从容指挥，一战而胜，那就是稀世罕有的功业！"袁世凯说："如果皇上在阅兵当中突然纵马跑进我的军营，口传号令来诛杀奸贼，那我必然追随您和各位先生，拼命救护皇上。"复生说："荣禄待您向来优厚，您真的会背叛他吗？"袁世凯听到这里只是微微一笑，并不回答。

【正文】

袁幕府某曰："荣贼并非推心待慰帅者[1]。昔某公欲增慰帅兵，荣曰：'汉人未可假大兵权。'盖向来不过笼络耳。即如前年胡景桂参劾慰帅一事[2]，故乃荣之私人，荣遣其劾帅而己查办，昭雪之以市恩；既而胡即放宁夏知府，旋升宁夏道。此乃荣贼心计险极巧极之处，慰帅岂不知之？"君乃曰："荣禄固操莽之才，绝世之雄，待之恐不易易。"袁怒目视曰："皇上在仆营，则诛荣禄如杀一狗耳。"因相与言救上之条理甚详。袁曰："今营中枪弹火药皆在荣贼之手，而营哨各官亦多属旧人。事急矣！既定策，则仆须急归营，更选将官，而设法备贮弹药则可也。"乃丁宁而去。时八月初三夜漏三下矣。至初五日，袁复召见，闻亦奉有密诏云。至初六日变遂发。

【注释】

1 慰帅：袁世凯（1859-1916），字慰亭，按照当时的习惯，人们尊称他为慰帅。

2 胡景桂：直隶（今河北）永年人，清光绪九年（1883）进士，官至山东布政使。清光绪二十二年（1896），他担任监查御史时曾参劾袁世凯嗜(shì)杀擅权、克扣军饷等事。

【解析】

　　袁世凯的一位幕僚在旁边搭腔说："荣禄老贼并不是推心置腹对待我们慰帅。以前有位大人曾想增加慰帅的兵额，荣禄说：'汉人不能掌握大权。'可见荣禄对慰帅不过是拉拢而已，哪里是真的信任？就像前年胡景桂上奏弹劾慰帅那件事，胡是荣禄的心腹，荣指使他弹劾慰帅，却自己查办昭雪来卖恩情；之后胡被贬为宁夏知府，不久又升任宁夏道员。这是荣贼心计极为险恶巧诈的地方，慰帅岂能不知？"复生说："荣禄有曹操、王莽之才，是一代奸雄，对付他恐怕不容易。"袁世凯怒容看着复生说："如果皇上在我军营，我杀荣禄就像杀一条狗罢了。"随后二人详谈了救主的方案。袁说："现在军营中的枪弹火药都在荣贼手中，而且军中大小将官也大多是他的旧人。事情紧急，既已定下策略，那我要急速回营，重新选任将官，并设法贮备弹药。"复生再三叮嘱，而后离去。当时是八月初三日夜的三更，到了初五日，袁又被皇上召见，听说也奉有密诏。到初六日，政变就发生了。

【正文】

　　时余方访君寓，对坐榻上，有所擘(bò)划，而抄捕南海馆(康先生所居也)之报忽至，旋闻垂帘之谕。君从容语余曰："昔欲救皇上既无可救，今欲救先生亦无可救，吾已无事可办，惟待死期耳。虽然，天下事知其不可而为之，足下试入日本使馆谒伊藤氏，请致电上海领事而救先生焉。"余是夕宿于日本使馆，君竟日不出门，以待捕者。捕者既不至，则于其明日入日本使馆与余相见，劝东游，且携所著书及诗文辞稿本数册、家书一箧(qiè)托焉。曰："不有行者，无以图将来；不有死者，无以酬圣主。今南海之生死未可卜，程婴、杵臼(chǔ jiù)[1]，月照、西乡[2]，吾与足下分任之。"遂相与一抱而别。初七、八、九三日，君复与侠士谋救皇上，事卒不成。初十日遂被逮。被逮之前一日，日本志士数辈苦劝君东游，君不听。再四强之，君曰："各国变法，无不从流血而成。今中国未闻有因变法而流血者，此国之所以不昌也。有之，请自嗣同始！"卒不去，故及于难。

【注释】

1 程婴、杵臼：春秋时期，晋国大夫屠岸贾灭杀赵盾族人，赵盾的门客公孙杵臼与义士程婴密谋，献出程婴之子冒充赵氏孤儿，公孙杵臼为此牺牲，程婴抚养孤儿长大，为赵氏家族报仇。

2 月照、西乡：即月照和尚与西乡隆盛，日本明治维新时期的维新志士。二人都力主推翻德川幕府，勤王行动失败后，月照圆寂，西乡存活。后来西乡隆盛辅佐明治天皇维新变法，成为明治三杰之一。

【解析】

当时，我正在复生的寓所拜访，对坐榻上筹划事情，忽然间，搜捕康先生的消息传来，紧接着又听说颁发了太后重新垂帘听政的诏书。复生知道大势已去，从容对我说："以前想救皇上没有救成，现在想救康先生也不能救。我已无事可做，只有等待死期了！即便如此，天下事都是明知不可做却仍然要做来试试的。您试着去日本大使馆躲躲，拜见伊藤先生，请他发电报给上海领事来救康先生吧。"我当晚住在日本使馆，复生整日不出门，等待来抓捕他的人。抓捕的人没来，第二天他就到日本使馆找我，劝我去日本，他随身带了自己的著作、诗文手稿，以及一箱家信托付给我，说："没有人出走，就不能谋划将来；没有人牺牲，就不能报答君恩。现在康先生生死难料，程婴、杵臼和月照、西乡，你我二人就分任之吧。"说完，我们相拥而别。初七、初八、初九三天，复生又和侠士们谋划救护皇上，最终没有成功。初十日，他被捕了。被捕前一天，几位日本志士苦劝他去日本，复生不听；大家三番四次劝告，他说："各国变法，没有不经过流血就成功的，现在中国还没听说有因变法而流血的人，所以国家不能昌盛。既然国家需要人牺牲，就请从谭嗣同开始吧！"他坚持不肯离去，唯有慷慨赴死而已。

【正文】

　　君既系狱，题一诗于狱壁曰："望门投宿思张俭[1]，忍死须臾(yú)待杜根[2]。我自横刀向天笑，去留肝胆两昆仑。"盖念南海也。以八月十三日斩于市，春秋三十有三。就义之日，观者万人，君慷慨神气不少变。时军机大臣刚毅监斩，君呼刚前曰："吾有一言！"刚去不听，乃从容就戮(lù)。呜呼烈矣！

【注释】

1 张俭（115-198）：东汉末年人．因弹劾宦官侯览被诬陷"结党"，被迫逃亡，在逃亡中凡接纳其投宿的人家，均不畏牵连，乐于接待。

2 杜根：东汉末年人。汉安帝时邓太后摄政，宦官专权，他上书要求太后还政，太后大怒，命人把他装入布袋摔死，行刑的人仰慕杜根为人，没有用力，想等出宫后放了他。邓太后派人查之，见杜根眼中生蛆，信以为真，杜根终得以脱。

【解析】

　　复生入狱后，在监狱的墙上题写了一首诗："望门投宿思张俭，忍死须臾待杜根。我自横刀向天笑，去留肝胆两昆仑。"可见他至死最挂念的仍然是康先生的安危。9月28日，复生在刑场被杀害，年仅三十三岁。就义的那天，围观者有上万人，复生慷慨激昂，神情气色没有丝毫改变。当时，军机大臣刚毅监斩，复生叫刚毅上前说："我还有话要说！"刚毅不肯听，径直走开。复生就这样从容就义。呜呼，这是何等的壮烈呀！

小问题

如何理解梁启超的流亡与谭嗣同的牺牲？

花絮/链接

观看电影：《谭嗣同》

祭六君子文

【导读】

  1899 年 9 月 13 日，为纪念戊戌六君子蒙难一周年，梁启超在日本写作了这篇祭文。在前面《谭嗣同传》的导读中，我们已经介绍过，所谓"六君子"，是指因戊戌变法失败而遇难的六位维新志士。1898 年 9 月 21 日，慈禧太后突然发动政变，将光绪帝幽禁于中南海瀛台，同时下令搜捕维新党人。28 日，慈禧太后不审而杀，将谭嗣同、杨锐、林旭、刘光第、杨深秀、康广仁六人斩首于北京菜市口。六君子是当时中国的知识精英，是维新人士中的佼佼者，他们的惨烈牺牲，不但是维新力量的重大损失，也使国家的前途更加黯淡不明。为此，社会各界都对六君子的死难报以极大的悲愤与同情，题咏怀念六君子也成为当时文学作品中的重要题材，常见于报刊，清政府屡禁不绝。

  梁启超作为戊戌变法的重要领导者，与六君子均有密切交往和深厚感情。他虽然在变法后流亡日本，暂时脱离了生命危险，但回忆起牺牲的同仁，怎能不生出无尽哀思，感慨于事业的沦丧，怎能不痛心疾首。因此，这篇祭文是梁启超的饱含深情之作，全文使用屈原《楚辞》的骚体句，参差错落，一唱三叹，芳菲沉郁，哀丽悱恻（fěi cè）。在这篇祭文中，我们读到的惨痛深忧，既是梁启超对死难志士的怀悼，也是他继续承担救国使命的自白。

戊戌六君子

谭嗣同，字复生，号壮飞，湖南浏阳人，湖北巡抚谭继洵之子，变法期间任四品军机章京，遇害时年三十三岁。

杨锐，字舒峤，四川绵竹人。湖广总督张之洞幕宾，变法期间任四品军机章京，遇害时年四十一岁。

林旭，字暾(tūn)谷，福建侯官人。世宦子弟，福建乡试第一名举人，变法期间任四品军机章京，遇害时年二十三岁。

刘光第，字裴邨(péi cūn)，四川富顺人。家贫，苦读中进士。变法期间任四品军机章京，遇害时年三十九岁。

杨深秀，字漪(yī)邨，山西闻喜人。变法期间任监察御史。戊戌变法失败后，慈禧重新垂帘听政，杨深秀力请慈禧撤帘，诘问皇帝被囚原因，被捕，遇害时年四十九岁。

康广仁，名有博，字广仁，以字行于世。他主张变法要稳妥行事，但因系康有为之弟，政变后也遭抓捕，遇害时年三十一岁。

【正文】

惟光绪二十有五年八月十三日，实为我中国维新六君子成仁第一周年旅居横滨爱国之士某某等[1]，谨以香楮(chǔ)清酌(zhuó)庶馐(xiū)[2]，设招魂记念之祭，而告其灵曰：

【注释】

1 成仁：指为了崇高的事业而牺牲。典出《论语·卫灵公第十五》："志士仁人，无求生以害仁，有杀身以成仁。"

2 香楮：香火和纸钱。　清酌：祭祀用的酒。

庶馐：众多佳肴。

【解析】

光绪二十五年八月十三日，是我们中国维新六君子就义的一周年忌日。旅居日本横滨的同志，恭敬地准备了祭祀之物，安排招魂纪念的礼仪，向六君子的英灵祝祷：

【正文】

呜呼痛哉！苌 (cháng) 血化碧兮 [1]，周室黍 (shǔ) 离 [2]。潮音怒鸣兮，荡激鸱 (chī) 夷 [3]。壮士一去兮 [4]，人天同悲。苍黄变色兮 [5]，风雨凄其。非种披昌兮 [6]，豆苗欲稀 [7]。更安所得猛士兮 [8]，锄而去之。

呜呼痛哉！武穆三字而成狱兮 [9]，椒山一疏而投缳 (huán) [10]。范孟博呼子而语兮 [11]，嵇 (jī) 叔夜索琴而弹 [12]，痛巫阳筮 (shì) 予其无效兮 [13]，诵《大招》以汍 (wán) 澜 [14]。望神洲之寥阒 (liáo qù) 兮 [15]，哀《广陵》之不在人间 [16]。

呜呼痛哉！血腥尚热兮，谏草未焚 [17]。雄志未成兮，先陨 (yǔn) 厥 (jué) 星 [18]。匪不才之见弃明主兮 [19]，牝 (pìn) 鸡家索以司晨 [20]。嗟我公等独罹 (lí) 此咎兮 [21]，痛哭其罪而无名。公之灵其未沫兮 [22]，应七日哭于秦庭 [23]。大音发于水上兮，吾知其为公等之忠魂。诽 (fěi) 语出其含沙兮 [24]，助秋气之凄零 [25]。风雨倏 (shū) 其如晦兮 [26]，曾寒燠 (yù) 之既更 [27]，嗟吾侪 (chái) 寄身海外兮，暴五百之田横 [28]。念比干之剖心兮 [29]，作洛邑之义声 [30]。苟人人其精卫兮 [31]，夫何填海之不平。

梁启超 永远的少年

1 苌血：苌弘，春秋时期周大夫，为周王所杀，传说其血化为碧玉。

2 黍离：典出《诗经·王风·黍离》。旧都宫室废墟长满麦苗，喻指哀悼国家衰亡。

3 鸱夷：皮制口袋，代指伍子胥。吴王杀死忠臣伍子胥，把尸体放进皮袋投入江中。

4 壮士一去：代指刺杀秦王的荆轲。《易水歌》曰："风萧萧兮易水寒，壮士一去兮不复还。"

5 苍黄：青色和黄色。苍黄变色指天翻地覆。

6 非种：不善之种，小人。 披猖：亦作"披猖"，猖狂。

7 豆苗：出自晋陶渊明《归园田居》："草盛豆苗稀。"比喻贤者凋残。

8 更安所得猛士兮：出自汉高祖刘邦《大风歌》"安得猛士兮守四方"。意思是从哪里再去寻找六君子这样的栋梁呢？

9 莫须有三字：南宋奸臣秦桧以"莫须有"（也许有）三字为由，在宋高宗默许下，冤杀抗金名将岳飞。岳飞谥号武穆。

10 椒山：杨继盛，号椒山，明代名臣，因弹劾严嵩而被投狱遭杀害。

11 范孟博：范滂（137-169），字孟博。东汉党人名士，因反对宦官专权被捕，死狱中。被捕前对儿子说："吾欲使汝为恶，则恶不可为；使汝为善，则我不为恶。"

12 嵇叔夜：嵇康（223-262），字叔夜，三国魏人。被司马昭所杀，临刑索琴弹《广陵散》曲。

13 巫阳：传说中能招魂的女巫。 筮：用蓍草占卜。

14《大招》：典出《楚辞》篇名，屈原所作，用以招魂。 汍澜：流泪的样子。

15 寥：空廓。 阒：寂静。

16《广陵》：指传说中的名曲《广陵散》。嵇康死，《广陵散》绝。

17 谏草：六君子的奏疏草稿。

18 先陨厥星：陨星，指死亡。"厥"为语助词。

19 匪：不是。 不才：没有才能的人。孟浩然《岁暮归南山》有"不才明主弃"。 见：在此表示被动。

20 牝鸡：牝，雌性。指慈禧太后把持国政。

21 罹：遭受。

22 沫：消散为沫之意。

23 七日哭于秦庭：春秋时吴国攻楚国，楚大夫申包胥至秦国求救，倚墙哭七天七夜，秦王受到感动出兵援楚。梁启超《去国行》有"我来欲作秦庭七日哭"句。

24 诽语：恶意中伤的话。 含沙：出自晋干宝《搜神记》："其名曰蜮，一曰短狐，能含沙射人，所中者身体筋急，头痛、发热，剧者至死。"指小人害人。

25 秋气：出自《楚辞·九辩》："悲哉秋之为气也！萧瑟兮草木摇落而变衰。"喻指国家衰微。

26 倏：骤然。 晦：昏暗。

27 燠：暖。

28 田横：战国齐国贵族，秦末起兵反秦自立为齐王。汉朝建立后率五百壮士逃亡海岛，被汉高祖强迫去洛阳，在途中自杀，余部闻讯后也全部投海自杀。

29 比干：商末贵族，纣王叔父，相传因屡次劝谏，被纣王处死，剖心观看。

30 洛邑：周朝国都洛阳。

31 精卫：鸟名。相传为炎帝女，因游东海淹死，化为精卫，常衔西山木石填东海。

【解析】

　　唉呀悲痛啊！苌弘的鲜血化为碧玉，周朝的宫室变成田地。伍子胥的怨愤激荡狂潮怒吼，荆轲的事迹足令天人同悲。物是人非，风雨寒凉。小人猖狂，贤士凋残。到哪里再去找这样的国之栋梁，将这些害虫锄去？

　　唉呀悲痛啊！岳飞因"莫须有"的罪名蒙冤，杨继盛因一道奏章遇难。范滂被捕前与儿子诀别，嵇康临行前弹奏《广陵散》。可恨巫阳给我的卜卦没有灵验，只有泪流满面念诵还魂的《大招》。遥望空廓寂静的祖国，哀叹《广陵散》再也不存于世。

　　唉呀悲痛啊！六君子的鲜血还有余热，手迹还未焚毁。伟大的志向尚未成就，却如流星离开人世。他们并不是没有才能而被明主抛弃，全是慈禧太后把持朝纲。可叹你们遭此苦难，毫无罪过却惨遭杀害。你们的英灵还没有消散，我们应该像申包胥那样在秦国痛哭借兵。水面发出巨大的响声，我知道是你们的忠魂来临。小人恶意中伤的诽谤之词，增加了秋气的凄凉。风雨忽然晦暗，竟像冬夏的更替。感叹我们这些人在海外流亡，仿佛田横手下的五百壮士。追思被纣王剖心的比干，我们要像周人那样发出正义的呼喊。假使人人都能化为精卫，又何愁大海不被填平。

【正文】

　　惟天地之无情兮，叹陆沉其未极[1]。鸮(xiāo)音震耳以啁唧(zhōu jī)兮[2]，凤德衰而敛翼[3]。何浮云之层阴兮，阳乌黪(cǎn)黯而无色[4]。北有猛虎兮西贪狼[5]，磨牙吮血兮睨(nì)吾旁[6]；时黯黯兮将夕[7]，瞻蹙(cù)蹙兮何方[8]；公为天下流血兮，于公乎何伤。独漂摇之大厦兮[9]，更何堪折兹栋梁。

黄沙莽莽兮猿鹤悲[10]，东市昏昏兮朝衣非[11]。道旁动色兮豪杰饮泣，嗟吾同胞兮其谁与归？奠桂酒兮椒浆[12]，歌《招魂》兮《国殇(shāng)》[13]。灵之来兮风雨，蓬莱清浅兮，忽临睨乎旧乡[14]。大地兮苍苍，神洲兮茫茫，四百兆人心兮未死，公如有知兮鉴此馨(xīn)香。呜呼痛哉！尚飨(xiǎng)[15]。

【注释】

1 陆沉：指国土沦亡。

2 鸮：猫头鹰，古人以为恶鸟，比喻小人。 唧唧：象声词，鸟虫鸣。

3 凤德：指士大夫的德行名望，《论语·微子》："楚狂接舆歌而过孔子曰：'凤兮！凤兮！何德之衰！'"

4 阳乌：太阳。神话中太阳为三足乌鸦。

5 猛虎、贪狼：指西方列强。

6 睨：斜视。

7 黯黯：阴暗。

8 夔夔：忧惧不安的样子。

9 漂摇：动荡不安。

10 黄沙：《太平御览》引《抱朴子》，说周代的周

穆王南征，全军的人都变化成异物，君子为猿为鹤，小人为虫为沙。因此猿、鹤比喻君子，虫、沙比喻小人。

11 东市：汉代长安东市为处决死刑犯之地，指刑场。《汉书·晁错传》有"上令晁错衣朝衣斩东市"，"朝衣东市"指官员被冤杀。此处指六君子遇害。

12 奠桂酒兮椒浆：出自屈原《九歌·东皇太一》。桂酒、椒浆，加桂、椒的酒。

13 《招魂》《国殇》：为《楚辞》篇名，屈原作。前者哀悼死者，作后者纪念为国捐躯的战士。

14 临睨：俯视。

15 尚飨：祭文结尾常用语，指请被祭祀者享用祭品。

【解析】

　　天地如此无情，国土的沦丧还没有尽头。猫头鹰的叫声震耳欲聋，德行高贵的凤凰却衰弱得收敛翅膀。浓云密布重重叠叠，太阳阴沉黯淡无光。北方有猛虎、西方有贪狼，它们磨砺牙齿吮吸鲜血，窥视在我们身旁。夜晚将至，天色暗淡，忧惧惶恐，不知看向何方。为天下流血，对六君子而言算不得什么。但祖国已经是飘摇的大厦，哪里还禁得起折断栋梁！

黄沙无边无际，猿鹤哀愁；刑场昏昏沉沉，君子遇难。在路边观看的豪杰失声哭泣，感叹同胞中何人还是志同道合的勇士。用桂酒椒浆祭祀，歌唱《招魂》《国殇》。六君子的英灵与风雨同来了，看着蓬莱又清又浅的海水，仿佛仙去的志士在俯视着故乡。大地幽远、神州辽阔，四亿人民并没有心灰意冷，你们在天有灵，还请明鉴我们的赤诚。唉呀悲痛啊！快请享用祭品。

背景阅读

林旭与沈鹊应

　　在追悼六君子的文学作品中，以悼念林旭的题材为最多。因为林旭的诗才在六君子之中最为杰出，死难后的故事也最凄美。林旭的妻子沈鹊应是名门闺秀，祖父是洋务派主将沈葆桢（bǎo zhēn），外曾祖是一代名臣林则徐。沈鹊应容貌英爽，天资聪颖，素有才女之名。林旭与妻子感情深厚，被捕时并不担心自己的生死，而是挂念妻子的安危，含泪说："我年轻的爱妻还在江南，死前不能再见一面。她性格英烈，知道消息后一定会与我同死，我想到这些，怎能不心酸哭泣呢？"果然，沈鹊应得知丈夫的死讯后，就要冒险到北京收尸，被家人劝阻后服毒自尽未遂，第二年抑郁而卒，年仅二十四岁。沈鹊应生前曾写绝命词《浪淘沙》一阕祭奠丈夫，词曰："报国志难酬，

林旭

碧血谁收。箧中遗稿自千秋。肠断招魂魂不到，云暗江头。绣佛旧妆楼，我已君休。万千悔恨更何尤。拼得眼中无尽泪，共水长流。"

小问题

《祭六君子文》寄托了梁启超怎样的感情？

花絮／链接

阅读图书：

《戊戌政变记》，梁启超著，岳麓书社，2011 年 2 月

《北京法源寺》，李敖著，时代文艺出版社，2012 年 9 月

单元活动

1. 请同学们向老师、家长讲述惊心动魄的"甲午海战"与"公车上书"。

2. 以小组为单位，排演《谭嗣同传》中的场景。

3. 向身边的大学生了解一下今天的大学课程，对比与京师大学堂课程设置的异同。

第三单元

爱国

故今日之责任，不在他人，而全在我少年。少年智则国智，少年富则国富，少年强则国强，少年独立则国独立，少年自由则国自由，少年进步则国进步，少年胜于欧洲，则国胜于欧洲，少年雄于地球，则国雄于地球。

单元导读

在我们今天看来，爱国是一件理所当然的事。事实上，爱国的概念，是近一百多年才逐渐清晰起来的。鸦片战争后，西方列强以坚船利炮打开中国大门，通过一系列不平等条约的签订，在中国攫（jué）取了大量的财富与权力。梁启超所处的时代，列强环伺、内外交困，有识之士痛心疾首。在对时势的痛苦与对未来的希望之中，他们将中国传统的家国天下观和西方传入的民族主义思潮、现代主权国家观念对接起来，提出了现代意义上的爱国主义。

梁启超本人是一个强烈的爱国者。他一生思想多变，阅历丰富，但唯一不变的就是爱国。他曾亲口对人说："顾亭林说得好[1]，天下兴亡，匹夫有责。假如国之不存，还谈什么主义、主张呢！还谈什么国体、政体呢！""（我一向的政治选择）决不是什么意气之争，或争权夺利的问题，而是我的中心思想和一贯主张决定的。我的中心思想是什么呢？就是爱国。我的一贯主张是什么呢？就是救国。我一生的政治活动，其出发点与

【注释】

1 顾亭林：顾炎武（1613—1682），抗清志士，明末清初著名思想家。他在著作《日知录》中提出"天下兴亡，匹夫有责"的名言。

梁启超 永远的少年

归宿点，都是要贯彻我爱国救国的思想与主张。"(选自李任夫《回忆梁启超先生》)

戊戌变法失败后，中华大地在两三年内经历义和团运动与八国联军入侵，疮痍满目，民不聊生。1901 年，清政府与西方列强签订极端丧权辱国的《辛丑条约》，中国主权沦丧，中国人民备受帝国主义奴役之苦。流亡日本的梁启超报国无门，只能以笔为枪，宣扬他的政治理想。他在日本先后创办《清议报》《新民丛报》《新小说》等刊物，根据国内政治形势的发展和自身思想的变化，极力宣传爱国主义，期望中国的民众特别是青年，都具有现代国家意识、新民品格。他饱含感情的笔触，拨动着国民的心弦，报纸上的文章，很多都成为有志青年的必读教材。

本单元所选的六篇诗文，都是梁启超旅日时期的爱国名作。这些作品有的强调理性富于思考，有的澎湃涌动感人心脾，有的针砭 (biān) 时弊呼号鼓舞，有的纵横古今比较中西。学习这一组诗文时，同学们不但要投入真挚的情感、融入历史的场景，以体会梁启超笔下的爱国热忱，还要从我做起、从一点一滴的生活小事做起，践行梁启超的爱国主张，为中华民族的伟大复兴尽一份心，出一份力。

忧国与爱国

【导读】

本文写于 1899 年 12 月 23 日，初载于梁启超的杂文集《自由书》。《自由书》由梁启超发表在《清议报》《新民丛报》《国风报》上的六十余篇文章组成。梁启超以擅写长文著称，动辄下笔万言、十万言，洋洋洒洒，大开大合。而《自由书》则多属玲珑剔透的短文，具有"以精锐之笔，说微妙之理"的特点。政论文与其他散文不同，读者面大，且各持观点，只有论证或只有情感，都无法达到应有的宣传效果。而既要在观点上说服读者，又要在感情上打动读者，作者必须同时拥有强大的逻辑能力与情感能力。梁启超的政论文，主旨鲜明，无论是抨击腐朽还是歌颂美好，核心总是围绕着爱国、救国、强国的主题，总能以饱含情感的笔墨，诚挚地宣扬他的认识与理想。

本文提到的忧国与爱国两种思潮，几乎是百余年来政论场上最常见的意见碰撞。爱国是一种朴素的情感，但需要以理性加以引导；忧国是教育后的思考，又需要乐观的态度来维持尊严。无论是因忧国而自暴自弃，或因爱国而抱残守缺，都很不可取而要加以避免。而更重要的，是国家的自立自强。唯有如此，国家才能不为人所欺，国民才能更客观平和地看待本国与异国文明的关系。梁启超提出的这个问题，特别值得我们当代人学习思考，并在日常生活中躬行实践。

【正文】

　　有忧国者，有爱国者。爱国者语忧国者曰：汝曷(hé)为好言国民之所短¹？曰：吾惟忧之之故。忧国者语爱国者曰：汝曷为好言国民之所长？曰：吾惟爱之之故。忧国之言，使人作愤激之气，爱国之言，使人厉进取之心²，此其所长也；忧国之言，使人堕颓(tuí)放之志，爱国之言，使人生保守之思，此其所短也。朱子曰³："教学者如扶醉人，扶得东来西又倒。"用之不得其当，虽善言亦足以误天下。为报馆主笔者，于此中消息，不可不留意焉。

　　今天下之可忧者，莫中国若；天下之可爱者，亦莫中国若。吾愈益忧之，则愈益爱之；愈益爱之，则愈益忧之。既欲哭之，又欲歌之。吾哭矣，谁欤(yú)踊者⁴？吾歌矣，谁欤和者？

【注释】

1 曷为：为什么。

2 厉：同"砺"，磨炼。

3 朱子：南宋理学家朱熹。

4 欤：文言助词，表示疑问、反诘的语气。

踊：向上跳。

【解析】

　　梁启超说，在我看来，世人对于国家的态度有两种：一种忧国，一种爱国。爱国者问忧国者：你为什么总说国家民族的短处？忧国者说：我是为国家忧心啊！忧国者问爱国者：你为什么总说国家民族的长处？爱国者说：因为我爱我的国家呀！

忧国的言论，使国民壮怀激烈；爱国的言论，使国民好胜进取。这是他们各自的长处。忧国的言论，使国民堕落颓废；爱国的言论，使国民故步自封。这是他们各自的短处。朱子曾说：教导别人就像搀扶醉酒者，扶住东面他又倒向西面，总是不能恰到好处。真理运用不当，也会误国误民。所以我作为报社的主笔，对这样的争论，就特别关注。

当今世上最令我忧虑的就是中国，最令我热爱的也是中国，我越担心她就越爱她，越爱她就越担心她。既想为她哭泣，又想为她高歌。我为她哭泣，谁又能与我同哭？我为她高歌，谁又能与我同赞？

在这两段里，梁启超总结了忧国者与爱国者的观点，肯定他们各自的价值，又对其可能造成的负面影响产生忧虑。梁启超既爱国，又忧国，他以自己为例，说明这两种情感实际上是事物的一体两面，不可分割。

【正文】

日本青年有问任公者曰：支那人皆视欧人如蛇蝎(xiē)[1]，虽有识之士，亦不免，虽公亦不免，何也？任公曰：视欧人如蛇蝎者，惟昔为然耳。今则反是，视欧人如神明，崇之拜之，献媚之，乞怜之，若是者，比比皆然，而号称有识之士者益甚。

昔惟人人以为蛇蝎，吾故不敢不言其可爱；今惟人人以为神明，吾故不敢不言其可嫉(jí)。若语其实，则欧人非神明、非蛇蝎，亦神明、亦蛇蝎，即神明、即蛇蝎。虽然，此不过就客观的言之耳。若自主观的言之,则我中国苟能自立也,神明将奈何? 蛇蝎又将奈何? 苟不能自立也,非神明将奈何? 非蛇蝎又将奈何?

【解析】

梁启超说:日本有青年来问我,中国人都把欧洲人看成毒蛇、蝎子,即便有见识的人也是如此,即便您也是如此。这是为什么呢? 我说:把欧洲人看成毒蛇、蝎子,那是过去。今天可不一样了,今天的中国人把欧洲人看成神,崇洋媚外,摇尾乞怜,这样的人比比皆是,所谓"有识之士"更是如此。

过去因为人人都把欧洲人看成毒蛇、蝎子,所以我必定要多讲欧洲人的可爱之处;今日人人都把欧洲人看成神仙,所以我必定要多讲些他们的可恨之处。照实说,欧洲人不完全是神明,也不完全是蛇蝎,欧洲人有伟大之处,也有卑鄙之处。当然,这是站在纯粹客观的立场上评价。如果以一个中国人的立场来说,那就是:中国人如果能自立,还需要求助于神仙的保佑吗? 还需要畏惧于蛇蝎毒害吗? 如果中国不能自立,求助神仙又有什么用处? 即便蛇蝎不来毒害,自己也不会变好,不是吗?

在梁启超看来,面对船坚炮利的欧美列强,一些中国人先是痛恨,后是谄媚,先是畏若蛇蝎,后是敬若神明。这些态度都是偏激且不利于国家发展、国民自立的。我们对待外国人和外来文明的态度，归根结底是由我们的国力决定的，忧国与爱国的平衡、国民自信心的培养，最终要靠国家的伟大复兴来完成。

背景阅读

梁启超对中国文化的反思与坚持

在鲁迅之前，梁启超已经批判过中国人的"国民性"。在《论中国国民之品格》一文中，他历数了中国国民品格的缺点，如爱国心薄弱、独立性柔脆、公共心缺失、自治力欠缺等等。但他的批判，仍站在希望国民自新，养成高尚德操的立场上，唯有如此，一个有四亿人民的伟大民族，才会得到世界的尊重。国民并不完美，传统也有糟粕，那么如何看待我国文明与异国文明的关系呢？在梁启超看来，西文西学需要学，但学习的目的在于强国，而不是否认自身文明的价值。他坚定地认为，"我们的同胞能够数千年屹立于亚洲大陆，文化中必然有极优秀的特质，有卓尔不群的地方，我们一定要坚守住先辈的美德，不要因为自卑而气馁（něi）"。

梁启超《自由书》

小问题

1. 同学们在生活中有没有碰到过梁启超所说的两类人呢？对于他们的观点，你有什么看法？

2. 了解了梁启超对中国文化的批判与坚守，你对现在的"传统文化热"有什么看法？

花絮／链接

阅读图书：《自由书》，梁启超著，吉林出版集团有限责任公司，2012 年 6 月

少年中国说（节选）

【导读】

　　《少年中国说》原载于 1900 年 2 月 10 日的《清议报》第三十五册。《清议报》是梁启超流亡日本后创办的第一份报纸，办报主旨在于"广民智、振民气"，《少年中国说》是其中名作。文章意图以少年式的蓬勃朝气，涤荡那些陈腐的习气，激起国人尤其是少年的志气与自信，对少年中国与中国少年的未来充满希望。把中国看成一个昏昏沉沉的巨人，并不是梁启超个人观点，而是 19 世纪各国有识之士的普遍共识，如法国皇帝拿破仑就将中国称为"东方睡狮"。然而在梁启超看来，作为现代国家的"中国"，此时才刚刚形成，正是一个少年，之所以被列强称为"老大帝国"，全在于当权者的腐朽昏庸。不过，中国的未来，终将取决于国民的强弱；创造少年中国的重任，必将交到中国少年的手上。"少年智则国智，少年富则国富，少年强则国强"，这是梁启超对国家与国民寄予的希望，也是他"主持清议、开发民智"宗旨的体现。梁启超的文章尤其是政论文，特点十分鲜明，从不斤斤计较于细节论述，而是奇伟磅礴，纵横大气，无论气势、胸襟还是情感，都令读者折服。文后的"作者附识"中，梁启超引用岳飞的名句"莫等闲，白

梁启超　永远的少年

了少年头，空悲切"，并决定从此放弃"哀时客"的笔名，改名"少年中国之少年"。这种奋起的激情极具感染力。

《少年中国说》一经传播，"少年"二字就被赋予了一种独特的政治寓意，风靡一时。辛亥革命以后，中国社会涌现出各类以"少年"为名的社群组织及刊物。1918年，李大钊等发起成立"少年中国学会"，规章开宗明义第一条即是"本科学的精神，为社会的活动，以创造少年中国为宗旨"。国内南京、上海、成都及法国巴黎等地，纷纷成立分会，先后发行《少年中国》《少年世界》《少年社会》等期刊，《少年中国说》的影响之大，由此可见。

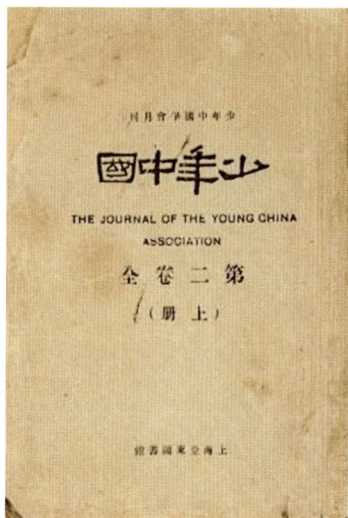

《少年中国》

背景阅读

从"少年中国"到"青年中国"

五四运动开始后，梁启超的"少年"标识，逐渐被"青年"所取代，影响最大的，便是1915年陈独秀创办的《新青年》。其实，两者的精神内涵非常接近。不同之处在于，"少年"是传统文化里已有的词汇，而"青年"是晚清民国以后才出现的名词。用"青年"取代"少年"，表明五四一代的青年人，不仅要跟传统文化区别开来，在如何改造中国社会的态度上，也区别于梁启超所代表的改良主义。

【正文】

日本人之称我中国也，一则曰老大帝国，再则曰老大帝国。是语也，盖袭译欧西人之言也。呜呼！我中国其果老大矣乎？梁启超曰：恶！是何言！是何言！吾心目中有一少年中国在！

欲言国之老少，请先言人之老少。老年人常思既往，少年人常思将来。惟思既往也，故生留恋心；惟思将来也，故生希望心。惟留恋也，故保守；惟希望也，故进取。惟保守也，故永旧；惟进取也，故日新。……梁启超曰：人固有之，国亦宜然。

【解析】

文章一开篇，作者先点出写作此文的原因。为什么要写少年中国呢？因为日本人称呼我们中国，一说是衰老的大帝国，再说还是衰老的大帝国。这种说法，是翻译照搬了欧洲人的话。可悲可叹！我们中国真的是衰老了吗？梁启超说：不！这算是什么话！这算是什么话！在我心目中，自有一个少年中国存在！

接下来，他用类推的方法，在谈国家的老、少之前，先谈人的老、

少年中国学会部分成员合影

少。他说：老年人往往喜欢回忆过去，少年人往往喜欢畅想未来。因为回忆过去，所以产生留恋之心；由于畅想将来，所以产生希望之心。因为留恋，所以保守；因为希望，所以进取。因为保守，所以陈腐；因为进取，所以日新。我说呀：人是这样的，国家也是这样的。

【正文】

呜呼！我中国其果老大矣乎？立乎今日以指畴（chóu）昔[1]，唐虞（yú）三代，若何之郅治[2]！秦皇汉武，若何之雄杰！汉唐来之文学，若何之隆盛！康乾间之武功，若何之烜（xuǎn）赫[3]！历史家所铺叙，词章家所讴歌，何一非我国民少年时代良辰美景、赏心乐事之陈迹哉！而今颓然老矣！昨日割五城，明日割十城[4]，处处雀鼠尽，夜夜鸡犬惊。十八省之土地财产[5]，已为人怀中之肉；四百兆之父兄子弟，已为人注籍之奴。岂所谓"老大嫁作商人妇"者耶[6]？呜呼！凭君莫话当年事，憔悴韶光不忍看！楚囚相对[7]，岌岌顾影，人命危浅，朝不虑夕。国为待死之国，一国之民为待死之民。万事付之奈何，一切凭人作弄，亦何足怪！

【注释】

1 畴昔：往日，从前。

2 郅治：治理得很好。

3 烜赫：光耀，显赫。

4 昨日割五城，明日割十城：出自苏洵《六国论》："今日割五城，明日割十城，然后得一夕安寝。起视四境，而秦兵又至矣。"

5 十八省：即清朝统治的内地十八个省份。

6 老大嫁作商人妇：出自白居易《琵琶行》，喻指朝代的衰老。

7 楚囚相对：泛指被囚禁的人或处境窘迫的人。

在这一段中，梁启超对比了中国"少年"时的强大美好，与"衰老"后的可悲可怜。他写道：

可叹啊！我们中国真的衰老了吗？回顾历史，唐尧、虞舜二帝与夏、商、周三朝的时代，那是何等的清明太平！秦始皇、汉武帝，是何等的雄才大略！汉代、唐代以来的文学，是何等的兴盛昌隆！康熙到乾隆三朝的武功，又是何等的威风凛凛！史学家所详细记述的，文学家所歌颂赞美的，无不是我们国家少年时代的美好时光、欢欣乐事。今天，我们的国家竟然衰老到如此地步！昨天割让五座城市，明天割让十座城市，战火连绵，连麻雀老鼠都难以生存，鸡犬也不得安宁。十八省的土地财富，已经成了外国人的怀中肉；父子兄弟一样的四亿人民，已经成了外国人登记在案的奴隶。这难道不是所谓的"老大嫁作商人妇"吗？唉！不要再谈起过去的美好了，现在青春已逝，这个国家已经困顿瘦损到不忍直视。举国像东晋渡江的士人一样无所作为，看着自己危亡的样子，朝不保夕。国家是等候死亡的国家，人民是等候死亡的人民。这样的国家，遇事没有办法，一切听人摆布，也就不奇怪了。

【正文】

欲断今日之中国为老大耶？为少年耶？则不可不先明"国"字之意义。夫国也者，何物也？有土地，有人民，以居于其土地之人民，而治其所居之土地之事，自制法律而自守之；有主权，有服从，人人皆主权者，人人皆服从者。

夫如是，斯谓之完全成立之国。地球上之有完全成立之国也，自百年以来也，完全成立者，壮年之事也。未能完全成立而渐进于完全成立者，少年之事也；故吾得一言以断之曰：欧洲列邦在今日为壮年国，而我中国在今日为少年国。

【解析】

　　按照以上所说，当时的中国，自然是个"老大帝国"，那么梁启超为什么又说她是"少年中国"呢？他在这一段中解释道：

　　想要判定现在的中国是衰老还是年少，就不能不先把"国家"的定义说清楚。国家到底是什么呢？一个国家，有她的土地，有她的人民，让生活在这片土地上的人民，来管理他们所生活的土地上的事务，自己制定法律并且自己遵守所制定的法律；一个国家，有国家独立自主的政治权力，有服从国家管理的人民，每一个人都是拥有独立自主权利的人，每一个人都是服从国家管理的人。能做到以上所说的这几点，就可以算作成熟的国家。这个地球上有成熟的国家，只是近一百年的事。成熟对于人来说，是三四十岁壮年的事。所谓尚未成熟但逐渐走向成熟的，就是十几岁的少年了。所以用一句话来判断：欧洲各国现在正是壮年国家，而我们中国正是少年国家。

　　梁启超对"国家"的定义，完全是现代的、民主的主权国家，而不是传统意义上的专制王朝，这就与列强侵略之下腐朽的"老大帝国"区别开来。这个新的中国，在梁启超的时代，还在萌芽之中，需要许多仁人志士的努力，所以正是少年国家。

【正文】

梁启超曰：造成今日之老大中国者，则中国老朽之冤业也。制出将来之少年中国者，则中国少年之责任也。……使举国之少年而果为少年也，则吾中国为未来之国，其进步未可量也。使举国之少年而亦为老大也，则吾中国为过去之国，其澌 (sī) 亡可翘足而待也[1]。故今日之责任，不在他人，而全在我少年。少年智则国智，少年富则国富，少年强则国强，少年独立则国独立，少年自由则国自由，少年进步则国进步，少年胜于欧洲，则国胜于欧洲，少年雄于地球，则国雄于地球。红日初升，其道大光。河出伏流，一泻汪洋。潜龙腾渊，鳞爪飞扬。乳虎啸谷，百兽震惶。鹰隼 (sǔn) 试翼，风尘翕 (xī) 张。奇花初胎，矞 (yù) 矞皇皇。干将发硎 (xíng)[2]，有作其芒。天戴其苍，地履其黄。纵有千古，横有八荒。前途似海，来日方长。美哉我少年中国，与天不老！壮哉我中国少年，与国无疆！

【注释】

1 澌：尽。

2 干将：古代传说中的名剑。

硎：磨刀石。

【解析】

文章的最后，梁启超用一串奇崛华彩的比喻，极力讴歌少年中国。他写道：

造成今天衰老中国的，是中国衰老之人的罪孽。创建未来少年中国的，是中国少年一代的责任。……如果全国的少年真成为朝气蓬勃的少年，那么我们中国作为未来的国家，进步就不可限量了。如果全国的少年也变得衰老腐朽，那么我们中国就会成为从前那样的国家，这个国家的消亡也就为时不远。所以现在的责任，不在别人，全在我们的少年身上。少年智慧国家就智慧，少年富足国家就富足；少年强大国家就强大，少年独立国家就独立；少年自由国家就自由，少年进步国家就进步；少年胜过欧洲，国家就胜过欧洲，少年在世界上崛起，国家就在世界上崛起。红日刚刚升起，盛大光明；黄河奔流而去，浩浩荡荡。潜伏的巨龙从深渊中腾跃而起，鳞片与利爪高举飘扬；年幼的老虎在山谷中咆哮一声，野兽们也会震惊失色。鹰隼振翅欲飞，一合一张；奇花孕育蓓蕾，美好鲜亮；宝剑刚刚磨好，熠熠发光。我们头顶苍天，脚踩着大地；纵有千年历史，横有四海八方；前途海一般浩瀚，日子还很长很长。多么美好啊，我的少年中国，与苍天一样永生不老！多么强盛啊，我的中国少年，与国家一样万里无疆！

小问题

1. 梁启超为什么将当时衰弱的中国称为"少年中国"？

2. 按照梁启超的观点，现在的中国处于哪个年龄阶段呢？

花絮／链接

演唱歌曲：《少年中国说》

自　励

【导读】

　　1901 年，正在日本流亡的梁启超写下《自励》二首。这一年的梁启超因变法失败、东渡日本已经三年。在此期间，他先后赴美国檀香山、澳大利亚考察，眼界大开，思想渐渐脱离老师康有为的窠臼（kē jiù），对世界与中国有了独立的认识。自励，即自我勉励，这是梁启超写作《自励》诗的目的。尽管被迫飘零异国，但在这首诗中，我们看不到梁启超对个人命运的丝毫抱怨。维新的失败，生活的艰辛，前途命运的不可知，并未令梁启超消沉气馁，反而激发出他强烈的献身精神与爱国热情。

　　梁启超评论南宋词人陈亮的作品时曾说："凡这一类都是情感突变，一烧烧到白热度，便一毫不隐瞒，一毫不修饰，照那情感的原样子，迸裂到字句上。"他的《自励》诗也是如此。"世界无穷愿无尽，海天寥廓立多时"，本是梁启超自身的写照，而这种感情的强烈与深沉，伴随着诗作的流传，更感染了无数有志青年。譬如梁启超的忠实崇拜者、旅日青年周恩来就将《自励》诗中的第二首抄写下来，送给即将分别的挚友，随后返回祖国，投身到伟大的事业中去。

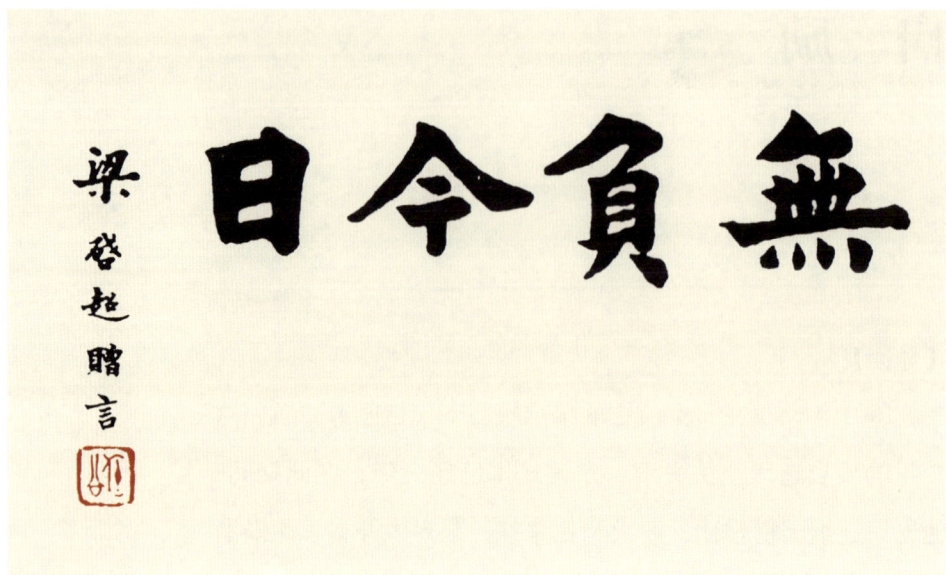

無負今日

梁启超赠言

梁启超书法

【正文】

其一

平生最恶牢骚语，作态呻吟苦恨谁。

万事祸为福所倚[1]，百年力与命相持[2]。

立身岂患无余地，报国惟忧或后时。

未学英雄先学道，肯将荣瘁(cuì)校群儿[3]。

【注释】

1 万事祸为福所倚：典出《老子》："祸兮福之所倚，福兮祸之所伏。"

2 百年力与命相持：典出《列子·力命》。"力"与"命"，即才智与命运。列子这一篇是劝人安命守分，但梁启超反用其意，说人生百年，作为个人应尽力与命运抗争。

3 荣瘁：荣辱。 校：比较。

【解析】

这首诗表明诗人的生活态度和理想追求。人生在世无论何种处境，都不必发牢骚，矫情的无病呻吟最是无用。既然明天的祸福不可预料，我们就应该尽力与命运抗衡。人只要努力，就不怕没有立身之地，而真正值得忧虑的，是报效国家为时已晚。我们在学习英雄争取功名之前要先树立正确的道德观念，不要像庸俗的小人一样计较荣辱得失。

梁启超印章"锲而不舍"

【正文】

其二

献身甘作万矢的[1]，著论求为百世师。

誓起民权移旧俗，更擎哲理牖(yǒu)新知[2]。

十年以后当思我，举国犹狂欲语谁？

世界无穷愿无尽，海天寥廓立多时。

【注释】

1 万矢的：众矢之的。　　　　　　　　　2 牖：窗户，比喻开启。

【解析】

这首诗表明诗人愿为国家和真理献身的心志。梁启超说：我为国献身，即使成为众矢之的也在所不辞；发愤著书，以期成为引领来者的老师。我主张民权、移风易俗；研究学问，启迪新知。这些做法虽然一时不能为人所理解，但十年后再看，又如何呢？哪怕今天的中国风气还未开化，但我革新国家的勇气无穷无尽，必将屹立于海天之间，永远坚守下去。

小问题

你认为一个有担当有道义的知识分子应该具备怎样的品德？

志未酬

【导读】

　　此诗作于 1901 年春夏之交，发表于《清议报》第一百册，即最后一册。这首诗的写作大体与《自励》同时，我们读过了《自励》的砥砺奋发，再来看《志未酬》的低回吞吐、感慨深沉，便能看到一个更加完整立体的青年梁启超。《志未酬》中登山、出海一句的写法，以及"兮"字的使用，带有某些"骚体诗"——也就是楚辞体的特征。全诗忧愤开篇，雄壮收尾，表现出梁启超忧国忧民的同时，仍饱含一种浪漫、乐观的拓荒者精神。

《清议报》

【正文】

志未酬¹，志未酬，问君之志几时酬？志亦无尽量，酬亦无尽时。世界进步靡有止期²，吾之希望亦靡有止期。众生苦恼不断如乱丝，吾之悲悯亦不断如乱丝。登高山复有高山，出瀛海更有瀛海³。任龙腾虎跃以度此百年兮，所成就其能几许？虽成少许，不敢自轻，不有少许兮，多许奚（xī）自生⁴。但望前途之宏廓而寥远兮，其孰能无感于余情⁵。吁嗟乎，男儿志兮天下事，但有进兮不有止，言志已酬便无志。

【注释】

1 酬：实现。

2 靡：没有。

3 瀛海：浩瀚的大海。

4 奚：何，为什么。

5 孰：谁。

【解析】

这首诗以首句为篇名，是古诗常见的作法。开篇一吐壮志未酬的愤懑。这一时期的梁启超在日本接触了更广阔的西学，了解了霍布斯、卢梭（suō）、笛卡尔、孟德斯鸠等人的思想，对进化论有了更深层次的认识。他认可达尔文世界进步是没有止境的观点，所以自认希望也没有尽头，人类的苦恼如抽丝一样牵扯不断，他对人类的悲悯也无法终止。世界如此广袤（mào），山外有山，海外有海。而人的生命有限，即便英雄豪杰们龙腾虎跃地度过一生，成就却寥寥无几。尽管如此，他也不肯自轻自弃，因为没有少，就无法积累到多。他眺望着前途的恢弘辽阔，不能不生出无限感触。他感慨男子汉志在四方，只有进取，没有止歇。所谓壮志未酬本是常事，说志向已经实现，倒是没有志向的表现了。

背景阅读

诗界革命

1899 年，梁启超在《夏威夷游记》中提出"诗界革命"的口号。事实上，在戊戌变法之前，梁启超已和谭嗣同、夏曾佑一起创作"新诗"，采用了大量的新名词。虽然当时的尝试不够成功，但梁启超回想起来，依然对诗歌的改造充满信心。诗界革命，核心是诗歌主题思想上的革命，要求作家在诗歌创作中努力反映新的时代和新的思想。另外在形式上，部分新体诗语言趋于通俗，不受旧体格律束缚。流亡日本后，梁启超在《清议报》《新民丛报》《新小说》等刊物上开辟"诗文辞随录""诗界潮音集""杂歌谣"等专栏，成为发布、评论新诗的主阵地。

小问题

你有什么样的志向？准备如何实现？

花絮/链接

阅读图书:《梁启超诗词全注》，汪松涛编注，广东高等教育出版社，1998 年 9 月

爱国歌四章

【导读】

  《爱国歌》共四章，原载于《新小说》月刊第一期。因为身在海外，梁启超的报国之志、爱国之情，难以施展在中华大地上，只能化作文字，挥洒于异国的报端。于是，在1902年初，他先创办了著名的《新民丛报》，刊载政论文章；同年10月又创办《新小说》，发表文学作品。《爱国歌》发表于《新小说》创刊后的第一期，其重要性可见一斑。《爱国歌》的读者对象是少年儿童。梁启超和他所代表的"诗界革命"新诗人，一向将少年儿童视作"中国主人翁"，对他们寄予救亡图强、建设国家的厚望，所以也特别重视儿童教育，重视儿童文学的创作。仅《新小说》一刊，就先后发表黄遵宪《幼稚园上学歌》《出军歌》、高旭《爱祖国歌》等多首儿歌。

  《爱国歌》铿锵有力，意浓情挚，从辽阔疆域到强大民族，从璀璨文明到英雄人物，极力歌颂祖国的壮美伟岸。每一章都以"结我团体，振我精神，二十世纪新世界，雄飞宇内畴与伦。可爱哉！我国民。可爱哉！我国民"结尾，意在激发少年读者的爱国之情，鼓励他们团结起来，促成中华民族在20世纪的重振复兴。《爱国歌》一经发表，即受到青少年的欢迎，以招

收华侨子弟为主的日本横滨大同学校师生，用简谱为《爱国歌》
谱曲，在音乐课上演唱，十分雄壮有力。辛亥革命后，此曲流
传至国内，更是在新式学堂中广为传唱，影响深远。

爱 国 歌

梁启超 词
大同学校 曲

1=C 4/4

1. 泱泱哉！我 中华。最大洲 中最大 国，　廿 二行省 为一 家。物产
2. 芸芸哉！我 种族。黄帝之 胄尽 神明，　浸 昌浸炽 遍大 陆。纵横
3. 彬彬哉！我 文明。五千余 岁历史 古，　光 焰相续 何绳 绳。圣作
4. 轰轰哉！我 英雄。汉唐凿 孔县 西 域，　欧 亚接陆 地天 通。每谈

腴沃甲大地，　天府雄国言非夸。　君不见，英日区区
万里皆兄弟，　一脉同胞古相属。　君不见，地球万国
贤述代继起，　浸灌沉黑扬光晶。　君不见，揭来欧北
黄祸我且傺，　百年噩梦骇西戎。　君不见，博望定远

三岛尚崛起，　况 乃堂裔吾 中华。
户口谁最多？　四 百兆众吾 种族。
天骄骤进化，　宁 容久扃吾 文明。　　结我团体，
芳踪已千古，　时 哉后起吾 英雄。

振 我精 神，　二 十世 纪新 世界，雄 飞 宇 内

畴 与伦。可 爱哉！我 国 民。可 爱哉！我 国民。

【正文】

一

泱泱哉！我中华。最大洲中最大国，廿二行省为一家[1]。物产腴(yú)沃甲大地[2]，天府雄国言非夸。君不见，英日区区三岛尚崛起[3]，况乃堂霬吾中华[4]。结我团体，振我精神，二十世纪新世界，雄飞宇内畴与伦[5]。可爱哉！我国民。可爱哉！我国民。

【解析】

这一章赞美中国的疆域：

多么辽阔呀，我们的土地！亚洲面积为五大洲最大，中国又是亚洲领土最广阔的国家。二十二个行省亲如一家，以物产丰富著称。英国、日本这样资源有限的岛国还能崛起，何况我巍巍中华。让我们团结起来，振奋精神，在 20 世纪的新世界里，雄飞于宇宙之内，其他国家怎么能够匹敌？多么可爱呀，我们的国民！多么可爱呀，我们的国民！

【正文】

二

芸芸哉！我种族。黄帝之胄尽神明[1]，浸(jìn)昌浸炽遍大陆[2]。纵横万里皆兄弟，一脉同胞古相属。君不见，地球万国户口谁最多？四百兆众吾种族。结我团体，振我精神，二十世纪新世界，雄飞宇内畴与伦。可爱哉！我国民。可爱哉！我国民。

【注释】

1 胄：帝王或贵族的子孙。　　2 浸昌浸炽：逐渐繁荣兴盛。　浸，渐渐。

【解析】

这一章赞美中国的人民：

多么繁盛呀，我们的种族！炎黄子孙，繁衍生息，遍布神州大地。无论相隔多远，都是中华一脉的后裔。四亿中国人，组成了地球上人口最多的国家。让我们团结起来，振奋精神，在 20 世纪的新世界里，雄飞于宇宙之内，其他国家怎么能够匹敌？多么可爱呀，我们的国民！多么可爱呀，我们的国民！

【正文】

三

彬彬哉[1]！我文明。五千余岁历史古，光焰相续何绳绳[2]。圣作贤述代继起，浸濯 (zhuó) 沉黑扬光晶。君不见，揭来欧北天骄骤进化，宁容久扃 (jiōng) 吾文明[3]。结我团体，振我精神，二十世纪新世界，雄飞宇内畴与伦。可爱哉！我国民。可爱哉！我国民。

【注释】

1 彬彬：文雅有礼。　　　　2 绳绳：相续不绝的样子。

　　　　　　　　　　　　　　3 扃：从外面上锁，封闭。

【解析】

这一章赞美中国的文明:

多么典雅呀,我们的文明! 历经五千年风霜,依然光焰万丈,连绵不绝。自古以来圣贤的著述延续着中华文化,涤荡黑暗,发扬光明。尽管西方文明突然之间发达,对外侵凌肆虐,但中华文明绝不会一直封闭保守、居于人后。让我们团结起来,振奋精神,在 20 世纪的新世界里,雄飞于宇宙之内,其他国家怎么能够匹敌? 多么可爱呀,我们的国民! 多么可爱呀,我们的国民!

【正文】

四

轰轰哉[1]! 我英雄。汉唐凿孔县西域[2],欧亚抟(tuán)陆地天通[3]。每谈黄祸我且㥜[4],百年噩(è)梦骇西戎[5]。君不见,博望定远芳踪已千古[6],时哉后起吾英雄。结我团体,振我精神,二十世纪新世界,雄飞宇内畴与伦。可爱哉! 我国民。可爱哉! 我国民。

_____

【注释】

1 轰轰:盛大。

2 凿孔:凿空,开通。出自《史记·大宛列传》:"张骞凿空。" 县西域:使西域服属。

3 抟陆:指欧亚大陆沟通。 抟,把东西捏聚成团。

4 黄祸:"黄祸论"是形成于19世纪的西方极端民族主义理论,宣扬黄种人对白种人的威胁。此处主要是指世界历史上,东方草原民族如匈奴、突厥、蒙古的西迁以及对欧洲的统治。

5 西戎:指欧洲人。

6 博望:西汉张骞通西域,封博望侯。 定远:东汉班超镇守西域,封定远侯。

【解析】

这一章赞美中国古代的英雄人物：

多么伟大呀，我们的英雄！从汉代张骞"凿空"西域开始，欧亚就有了交流。来自亚洲的匈奴、突厥、蒙古铁骑千百年来曾令欧洲震悚。张骞、班超等先贤的威名犹在。那么生活在这个时代的中国人，更应该努力振起，继承先贤的遗志。让我们团结起来，振奋精神，在20世纪的新世界里，雄飞于宇宙之内，其他国家怎么能够匹敌？多么可爱呀，我们的国民！多么可爱呀，我们的国民！

小问题

祖国、家乡最令你感到自豪的是什么？为什么？

花絮／链接

阅读图书：《上下五千年》，林汉达等著，少年儿童出版社，2011年7月

祖国大航海家郑和传（节选）

【导读】

《祖国大航海家郑和传》（以下简称《郑和传》）写于1905年，史学界所重视的，是梁启超首次将郑和作为航海伟人，与哥伦布、达·伽马等西方航海家进行比较研究。梁启超流亡日本后，撰写了大量历史人物传记，《郑和传》就是其中之一。他的历史传记在题材、体裁、史观等方面，汇通中西；在体例设计、思想方法上学习西方，但仍保留了中国古文体纵横捭阖的特点。《郑和传》的主旨是弘扬中华民族历史上的开拓进取精神，歌颂为中西交流沟通做出贡献的英雄人物，同时也感慨于中国在世界大航海时代来临前夕的辉煌与辉煌的戛然而止。

我们在"生平"单元的开篇中讲到，15至18世纪的"地理大发现"带动了欧洲列强的海外殖民，进而推动了资本主义的发展和资本主义制度的建立。在梁启超看来，郑和下西洋要早于欧洲冒险家们的航海活动，规模盛大，值得大书特书。然而这样的壮举，却在新纪元来临之前销声匿迹，中国也由此落后于世界发展大势，真是可惜可叹，值得深思。以梁启超为代表的晚清知识分子，接受了勇于冒险、探索未知的大航海精神，

郑和雕像

对开拓凿空的探险家极为称颂。除《郑和传》，在同一时期，梁启超还为张骞、班超，以及深入"南洋"各国的代表人物作传，宣传他们"抖擞精神，斩除荆棘"的事业成就，更对"未来英雄"怀抱无限期许。

【正文】

西纪一千五六百年之交，全欧沿岸诸民族，各以航海业相竞。时则有葡之王子亨利献身海事[1]，既发见大西洋附近钵 (bō) 仙图群岛、埃莎士群岛、加拿里群岛[2]；未几，哥仑布遂航大西洋[3]，发见西印度群岛，前后四度，遂启亚美利加大陆。同时，葡人维哥达嘉马沿亚非利加南岸[4]，逾好望角[5]，达印度，回航以归欧洲。越十余年，而葡人麦折伦横渡太平洋[6]，启菲律宾群岛，绕世界一周。自是新旧两陆、东西两洋，交通大开，全球比邻，备哉灿烂。

有史以来，最光焰之时代也。而我泰东大帝国，与彼并时而兴者，有一海上之巨人郑和在。

【注释】

1 王子亨利：全名是唐·阿方索·恩里克，葡萄牙亲王。他因为设立航海学校、奖励航海事业而被称为"航海者"，是15世纪大航海事业的奠基人。

2 钵仙图群岛：当为马德拉群岛。被亨利王子派出的首支探险队发现，亨利王子随后宣布该群岛属葡萄牙所有。梁启超此处叙述史实似有错误。 埃莎士群岛：即"亚速尔群岛"，北大西洋中东部火山群岛，是葡萄牙的海外领地。 加拿里群岛：即"加那利群岛"，非洲大陆西北岸火山群岛，是西班牙海外领地。

3 哥仑布（约1451-1506）：今译"哥伦布"，意大利航海家。于15世纪末、16世纪初先后四次出海远航，发现了美洲大陆，开辟了横渡大西洋到美洲的航路，证明了"大地球形说"的正确性。

4 维哥达嘉马（约1469-1524）：今译"达·伽马"，葡萄牙航海家。1497年发现了从欧洲绕行非洲好望角到达印度的航海路线。

5 好望角：意为"美好希望的海角"，位于非洲最南端，由葡萄牙航海家达·伽马发现。

6 麦折伦（1480-1521）：今译"麦哲伦"，航海家，葡萄牙人，为西班牙政府效力探险。1519年至1521年率领船队完成环航地球，于途中死于部落冲突。船上的水手在他死后继续向西航行，1522年回到欧洲，完成了人类首次环球航行。

【解析】

文章开篇，梁启超首先总结了15至18世纪欧洲航海家掀起的"地理大发现"热潮及其重大意义。随后笔锋一转指出，在歌颂欧洲航海家卓越成就的同时，我们不能忘记一位东方的航海巨人——郑和。他说：

在公元16至17世纪，整个欧洲沿岸的各民族，彼此都在航海事业上相互竞争。那时有葡萄牙的王子亨利亲自投身于航海事业，在发现了大西洋附近的砵仙图群岛、亚速尔群岛、加那利群岛之后，不久哥伦布出航大西洋，到达西印度群岛，前后四次，终于发现了美洲大陆。同时代的葡萄牙人达·伽马沿着非洲大陆的南岸，绕过好望角，到达印度，然后返航回到欧洲。又过了十九年，葡萄牙人麦哲伦横渡太平洋，发现菲律宾群岛，并环绕了世界一周。从那时起新旧两大陆、东西两大洋被便利的交通连接起来，地球各个地方都成了邻居，航海事业如日中天。这是人类有史以来最光辉耀眼的时代。而我们遥远的东方大帝国，和他们同时代而兴起的人中，也有一位航海巨人——郑和。

在这里我们需要特别指出的，是对大航海活动的评价。梁启超受当时风行的达尔文主义影响，更多地看到了欧洲航海家探索未知世界、联系新旧大陆的重要贡献，而忽视了他们作为外来殖民者，对新大陆土著居民的残酷杀戮和奴役剥削。对于梁启超认识中的时代局限性，我们要加以注意。

意大利航海家克里斯托弗·哥伦布及其出航船只

【正文】

郑和，云南人，世所称三保太监者也[1]。初事明成祖于燕邸[2]，从起兵，有功，累擢 (zhuó) 太监[3]。成祖之在位，当西纪千四百三年至千四百二十四年，正葡萄牙王子亨利奖励航海时代（亨利生一三九四年，卒一四六三年⁴），而西史上所称新纪元之过渡也。成祖以雄才大略，承高帝之后，天下初定，国力大充，乃思扬威德于域外，此其与汉孝武、唐太宗之时代正相类。成祖既北定鞑靼（dá dá）⁵，耀兵于乌梁海以西⁶，西辟乌斯藏⁷，以法号羁縻（jī mí）其酋⁸，南戡（kān）越南⁹，夷为郡县¹⁰。陆运之盛，几追汉唐，乃更进而树威于新国。郑和之业，其主动者，实绝世英主明成祖其人也。

旧史称成祖疑惠帝亡海外¹¹，欲踪迹之，且欲耀兵异域，示中国富强，于是有命和航海之举。但其动机安属，勿具论，吾征诸史文，于郑君首涂之前¹²，有深当注意者二事。

【注释】

1 三保太监：郑和小名三保，所以人称三保太监。

2 燕邸：邸即亲王府邸。朱棣是明太祖朱元璋第四子，初封燕王，其府邸被称为燕邸。

3 太监：明朝有十二监管理宫廷事务，十二监的主官由宦官担任，称为太监。

4 亨利卒年应为 1460 年，原文有误。

5 鞑靼：元朝灭亡后，蒙古贵族重新退回北方草原，鞑靼部是其重要分支。为解除北方威胁，朱棣即位后，五次亲征漠北草原，取得胜利。

6 乌梁海：大漠以西，在唐努山、阿尔泰山和萨彦岭之间。

7 乌斯藏：明代称西藏为乌斯藏。

8 羁縻：中国历朝中央政府通过册封、朝贡等方式对边疆少数民族聚居区进行间接管理的一种统治方式。

9 戡：武力征伐。

10 夷：平定。

11 惠帝：建文帝朱允炆（1377-？），明太祖朱元璋嫡嫡长孙，明朝第二代皇帝，被叔父燕王朱棣篡夺皇位。据传燕王攻破南京城时，朱允炆秘密逃亡，朱棣派郑和下西洋，是去寻找朱允炆的下落。

12 涂：同"途"。

【解析】

在文章的这一部分，梁启超介绍了郑和其人及其下西洋的时代背景。他写道：

郑和是云南人，被世人称为三保太监。他在明成祖朱棣还是燕王的时候有功，从普通宦官晋升为太监。成祖在位的时间，相当于公元1403年到1424年，正是葡萄牙王子亨利鼓励航海的时代，也是西方历史上被称作新纪元的过渡时代。朱棣用他的雄才大略，继承了朱元璋的政治遗产。当时天下安定，国力强盛，朱棣很想像汉武帝、唐太宗那样，在国境之外展示中国的威严与仁德。他亲征草原，打到乌梁海以西，扫除了蒙古的威胁。向西加强对西藏地区的控制，册封藏传佛教的宗教领袖，使他们臣服于中央政府。向南平定越南，在当地设立和中原地区一样的地方行政机构。至此，明朝陆地疆域达到全盛，几乎可以和汉唐相比。在此基础上，朱棣开始谋划提高明王朝在海上的威望。郑和能够建立那样伟大的功业，背后的支持者和策划者，正是英名绝世的明成祖朱棣。

以往有史书上说，成祖怀疑建文帝逃亡到海外，打算寻找他的下落，又想在外国耀武扬威，宣示中国的富强，于是有了命令郑和航海的举动。他的动机究竟属于哪一种，这里不做详细讨论。梁启超考证各类史料认为，在郑和首次踏上航海之途以前，有非常值得注意的两件史事。

【正文】

一曰，其目的在通欧西也。《本传》云[1]："命和及侪王景弘等通使西洋[2]。"又云："俗传三保太监下西洋，为明初盛事。"据此，则此行本志，非南渡而西征也。盖自马可·波罗入仕以来³，欧人读其书而知中国有文明，始汲（jí）汲谋东航，此印度新航路之所由发见也。彼此皆未克达最终之目的地，而今日东西通道之键钥⁴，实胎孕于是。

【注释】
1《本传》：即《明史·郑和传》。
2 侪：同类、同事。　王景弘：福建漳平人，宦官，与郑和一同下西洋。

3 马可·波罗（1254—1324）：威尼斯商人、旅行家。元世祖忽必烈在位时到中国游历，著有《马可·波罗行纪》，记述他在中国的见闻。
4 键：钥匙。

【解析】

谈完历史背景，梁启超又讲了郑和下西洋中两个值得注意的要点：

第一点，郑和下西洋的目的是与欧洲联系。《明史·郑和传》就记载："命令郑和与他的同行者王景弘等人设法和西洋相联系沟通。"又说："这件事俗称三保太监下西洋，是明初盛事。"由此可知郑和此行的目的不在南洋，而在西方。大约是从马可·波罗游历中国以后，欧洲人通过他的著作，了解到中国的富庶文明，开始致力于远航至中国，于是客观上造成印度新航路的发现。中国人也因为见到了马可·波罗，才知道欧洲文明的存在，于是热衷于向西远航，客观上造成南洋群岛的发现。彼此最终都没能到达目的地，但打开东西交通的钥匙，正是在这一过程中出现的。

这里有一点需要说明：明朝人和梁启超所处的晚清时代，对"西洋"的定义不同。元、明时期的西洋是指今文莱以西的东南亚和印度洋沿岸地区。"郑和下西洋""西洋镜"中的"西洋"就是此义。晚清的"西洋"一词则特指欧美国家，相当于今天"西方世界"这个含义。所以梁启超这里说郑和下西洋的目的是联系欧洲，是混淆了"西洋"在不同历史语境下的定义。

【正文】

二曰，航海利器之发达也。《本传》云："造大舶，修四十四丈、广十八丈者六十二，容士卒二万七千八百余人。"吾读此文，而叹我大国民之气魄，洵非他族所能几也[1]。考现在世界最大商船，称美国大北公司之"弥奈梭达"（今年始开航，日本议和全权小村氏乘之以赴美者也），长六百三十英尺，广七十三英尺。全世界色然惊之，谓大莫与京矣[2]。英尺当我工部尺九寸八五七七[3]。明尺当今工部尺，尺有一寸一二。然则郑和所乘船，其袤殆(dài)与"弥奈梭达"等[4]，其幅则倍彼有余。以今日之美国，仅能造如"弥奈梭达"者二。以当时之中国，既能造倍"弥奈梭达"者六十二，虽曰专制君主有万能力，而国民气象之伟大，亦真不可思议矣。其时蒸气机关，未经发明。乃能运用如此庞硕之艨艟(méng chōng)[5]，凌越万里，则驾驶术亦必有过人者。

【注释】

1 洵：实在。　几：几乎，接近。

2 京：大。

3 工部尺：工部营造尺，这里指清代由工部颁布的官方长度单位。

4 袤：长度。　殆：大概。

5 艨艟：古代的一种战船。

【解析】

第二点，郑和下西洋能够成行，得益于当时先进的航海技术。《明史·郑和传》记载："（为了筹备下西洋活动）朝廷造了很大的航船，其中长四十四丈、宽十八丈的巨型船就有六十二艘，可以容纳官兵二万七千八百多人。"我读此文，感叹于我们民族的伟大气魄，确实不是其他民族可以相比的。现在世界上最大的商船，据说是美国大北公司的"弥奈梭达"号，长六百三十英尺，宽七十三英尺。全世界都被这样的巨轮惊呆了，认为这是不可能完成的奇迹。一英尺相当于我们现在的九点八五七七寸，明代的一尺相当于现在一尺一寸一二的样子。如果记载可靠，那么郑和乘坐的船，长度大概和"弥奈梭达"号差不多，宽度却超过"弥奈梭达"号的两倍。以今天美国的国力，才仅仅能造两艘像"弥奈梭达"号那么大的船，而中国明代，就能造像"弥奈梭达"号那样的大船六十二艘，就算这得益于专制君主有动员全国的能力，而国家人民气象的伟大，也真是不可思议啊！那时蒸汽机还没有发明，却可以驾驭如此庞大的船航程超过万里，那么驾驶技术也一定有过人的地方。

郑和下西洋航船模型

梁启超　永远的少年

【正文】

　　此郑和航路之大略也。据上所列，似详于西而略于东。其足迹未及马来西亚群岛之半，而爪哇海以东[1]，未尝至焉。然考《明史·外国传》"鸡笼"条下[2]，言郑和恶其人，家贻(yí)一铜铃。是台湾岛和所曾履也[3]。又"文莱"条下，言郑和往使，有闽人从焉，因留居，后人因据其国而王之。是婆罗洲和所曾履也[4]。《西洋朝贡典录》称吕宋于永乐八年[5]，随中官郑和来朝[6]，是菲律宾群岛亦和所曾履也。《瀛涯》《星槎(chá)》皆不记载者[7]，殆马、费二氏皆以能操阿剌(lá)伯语[8]，从事通译[9]，其在马来半岛以西，为阿剌伯语通行地，故二氏能纪之。其以东，则无取于二子之载笔欤。准此以谈，则亚细亚之海岸线，和所经行者，十而八九矣。嘻[10]，盛哉！

【注释】

1 爪哇海：爪哇海是南太平洋属海。位于爪哇岛、苏拉威西岛、加里曼丹岛、苏门答腊岛之间。

2 鸡笼：台湾东北部城市基隆的古称，是台湾岛的重要港口。

3 履：双脚踏上。

4 婆罗洲：加里曼丹岛，位于马来群岛中部，是世界第三大岛。

5《西洋朝贡典录》：明朝人黄省曾的著作，记录了郑和下西洋所到二十三国的地理、山川、风俗、物产、器用、语言、衣服等内容。

6 中官：宦官。

7《瀛涯》：即《瀛涯胜览》，作者马欢，字宗道，浙江绍兴人，回族。他因为通晓阿拉伯语，三次跟随郑和下西洋，是使团的翻译，他将所到之处的航路、地理、政治、风土、人文等状况记录下来，取名《瀛涯胜览》。《星槎》：即《星槎胜览》，作者费信，字公晓，江苏太仓人。他自学阿拉伯文，四次跟随郑和下西洋，《星槎胜览》是他的远航笔记。

8 阿剌伯：阿拉伯。

9 通译：翻译官的古称。

10 嘻：叹词。

【解析】

梁启超在文中罗列了明代文献关于郑和下西洋的记载，内容比较复杂，我们在此予以省略。他随后总结说：

从文献记载来看，似乎郑和航线中偏西地区的记载详细，偏东地区的记载相对简略。好像郑和还没走遍马来群岛的一半，爪哇海以东的地方都没有到过。但考查《明史·外国传》"鸡笼"条目的记载，说郑和讨厌那里的人，每家只给了一个铜铃。可见台湾岛是郑和曾经踏上的土地。还有"文莱"条目的记载，说郑和出使那里，有一些福建人跟着去了，还留居在那里，他们的后代在那里建立了政权。可见加里曼丹岛也是郑和曾经踏上的土地。《西洋朝贡典录》记载，永乐八年（1410）吕宋国派使者跟随太监郑和来向明朝朝贡。可见菲律宾群岛也是郑和曾经踏上的土地。这些都是《瀛涯胜览》《星槎胜览》两书中没有记载的内容，大概因为作者马欢、费信二人能说阿拉伯语，担任郑和的翻译，马来半岛以西是阿拉伯语通行的地区，所以二人的记载比较详细。而郑和船队在马来半岛以东的活动，就没有被二人记载下来。由此可知，亚洲的海岸线十有八九都是郑和船队驶过之处。这是何等的盛事啊！

【正文】

新史氏曰¹：班定远既定西域，使甘英航海求大秦²，而安息人（波斯）遮之不得达³，谬言海上之奇新殊险，英遂气沮(jǔ)⁴。于是东西文明相接触之一机会坐失，读史者有无穷之憾焉。谓大陆人民，不习海事，性或然也，及观郑君，则全世界历史上所号称航海伟人，能与并肩者，何其寡也。郑君之初航海，当哥仑布发见亚美利加以前六十余年[5]，当维哥达嘉马发见印度新航路以前七十余年，顾何以哥氏、维氏之绩，能使全世界划然开一新纪元。而郑君之烈，随郑君之没以俱逝？我国民虽稍食其赐，亦几希焉。则哥仑布以后有无量数之哥仑布，维哥达嘉马以后有无量数之维哥达嘉马，而我则郑和以后，竟无第二之郑和。噫嘻！是岂郑君之罪也？

【注释】

1 新史氏：梁启超在人物传记类著作中以"新史氏"自称，在文末进行点评。

2 甘英：字崇兰，东汉人。在汉和帝永元九年（97）奉西域都护班超之命出使大秦，到达波斯湾沿岸。 大秦：汉代中国对罗马帝国及近东地区的称呼。

3 安息：西方史书上的帕提亚帝国，是伊朗古代奴隶制王国。

4 沮：败坏。

5 亚美利加：美洲。

【解析】

文章最后，梁启超仿照司马迁撰写《史记》时以"太史公曰"开头，对一篇传记的主人公进行评价的办法，用"新史氏"自称，总结评价说：

班超在平定了西域之后，派遣属下甘英向西航海，去寻找罗马帝国，因为波斯人的阻隔而没能成行。波斯人撒谎，夸大海上航行的艰险，甘英就失去了探索的信心，东西方文明第一次直接接触的机会就这样白白丧失，后人阅读历史，无不生出无限遗憾。说大陆人民不愿从事航海，天性上或许如此，但看看郑和，全世界的航海家，又有几人能和他相比？郑和的第一次航海，是在哥伦布发现美洲大陆以前的六十多年，达·伽马发现印度新航路以前的七十多年。哥伦布、达·伽马的航海，开创了世界历史的新纪元，而郑和的伟大功绩，却随着郑和本人的去世而烟消云散。中国人虽然也因为他的功业小有受益，但和哥伦布、达·伽马比起来，实在太少太少。西方在哥伦布以后又有无数的哥伦布，达·伽马以后又有无数的达·伽马，而我们却在郑和以后竟没有出现第二个郑和。唉！这难道是郑和的罪过吗？

小问题

郑和下西洋与欧洲大航海，结果有什么不同？这是什么原因造成的呢？

花絮／链接

阅读图书:《航海少年》,（日本）樱井彦一郎著，商务印书馆编译所重译，商务印书馆，1907年

单元活动

1. 根据大同学校的曲谱，学唱《爱国歌》四章。

2. 在升旗仪式、运动会等活动上集体朗诵《少年中国说》的最后一段。

3. 在班会上组织一场辩论会，辩论主题为：如果郑和下西洋的活动继续进行下去，中国能不能超越欧洲列强，率先实现近代化？

第四单元

治学

我是个主张趣味主义的人：：倘若用化学化分『梁启超』这件东西，把里头所含一种原素名叫『趣味』的抽出来，只怕所剩下仅有个零了。我以为：凡人必常常生活于趣味之中，生活才有价值。若哭丧着脸挨过几十年，那么，生命便成沙漠，要来何用？

单元导读

梁启超的一生徘徊在学术与政治之间，他的治学与思考，无不带有鲜明的时代特征，也无不饱含对国家、社会、民族的责任与期许。梁启超身处"新旧两界线之中心的过渡时代"，以"维新"为目的接触西方人文社会科学，这使他能以现代学术视角回顾传统旧学，成为沟通传统与现代、东方与西方学术的桥梁。而他对社会思潮敏锐的反应，与不断自我更新的热情，又使他的思考贯穿近现代中国思想界的演进历程，从而产生经久不息的影响。他又兴趣广博，着眼全局，虽然连自己也不免自嘲不能专门深邃，但仍涉猎多个学科门类，为人文社会科学的全面现代化开启大门、打下基础。

梁启超的学术创作有两个高峰期，一是变法失败后流亡日本期间，二是游历欧洲归国以后。其著作在中国近代史学、文学、哲学、法学、新闻学、政治学、经济学、图书馆学等领域都有开山之功，是后辈学者的必读书目。

倒袁战争前后，军阀混战的现实与政治理想的破灭，使梁启超终止政治生涯，然而他用自己的知识与力量培养"新民"的志向没有消退，反而上升为人生中的首要目标。他身体虽然欠佳，但演讲越来越多，如为直隶教育联合研究会作的《趣味教育与教育趣味》，为北京美术学校作的《美术与科学》，为济南中华教育改进社作的《教育与政治》，为国立东南大学作的《学问之趣味》，为上海美术专门学校作的《美术与生活》，为上海中华职业学校作的《敬业与乐业》，为科学社作的《科学精神与东西文化》，为南京女子师范学校作的《人权与女权》，为苏州学生联合会作的《为学与做人》，这些文章都是这一时期的重要演讲，到 1922 年他的足迹几乎遍布全国各地。

　　1923 年起，梁启超开始在清华授课，1925 年任职于清华国学研究院。同时期的任职者还有陈寅恪、王国维、赵元任三位大家，这便是清华国学研究院极盛的"四大导师"时

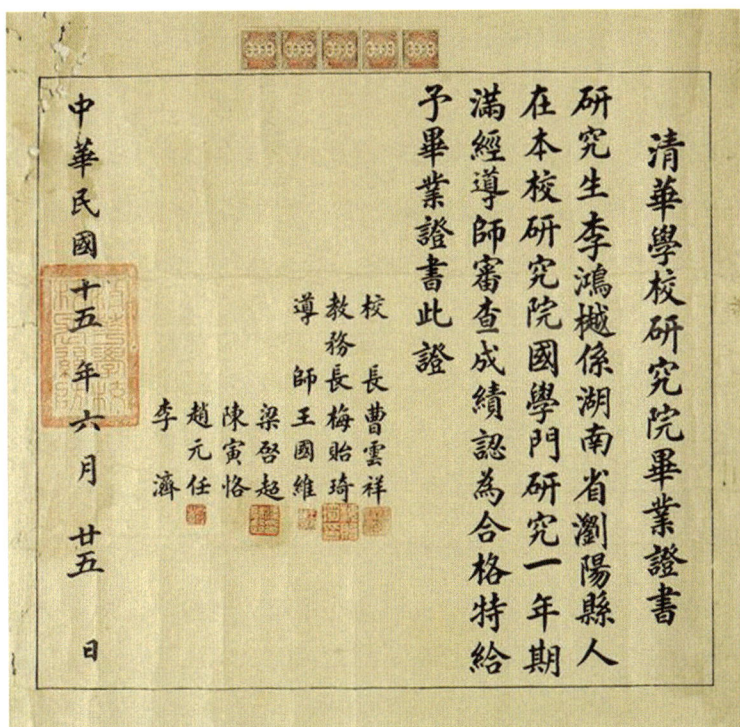

民国十五年（1926）
清华学校毕业证书

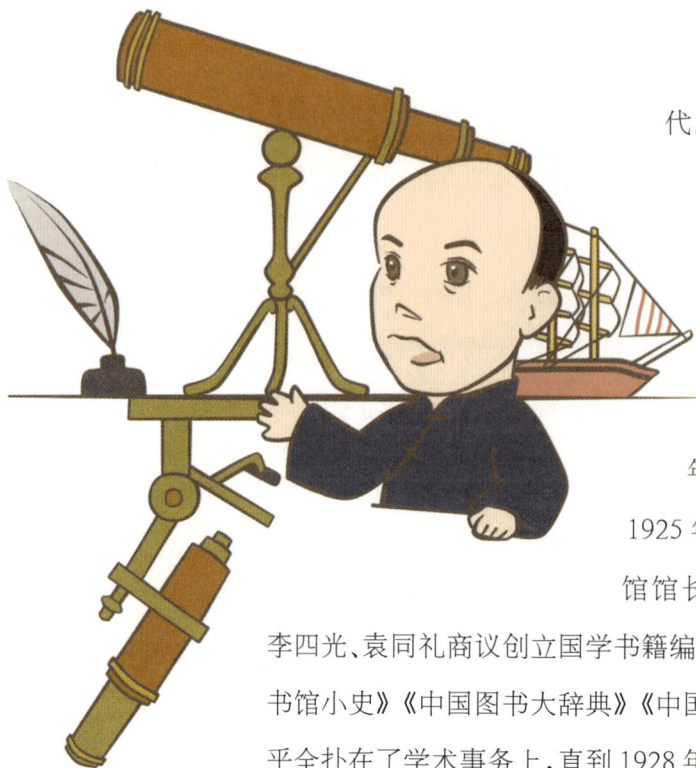

代。据说梁启超在清华上课，上来先道"启超没有什么学问"，轻轻点一下头，又接着说"可是也有一点喽"，十分有趣。1924年，他又在南开大学讲学。1925年底，梁启超任京师图书馆馆长。初任职，便与副馆长李四光、袁同礼商议创立国学书籍编目的新体系，又打算编《图书馆小史》《中国图书大辞典》《中国图书索引》。他的晚年几乎全扑在了学术事务上，直到1928年撰写《辛稼轩先生年谱》，未成而逝世。

我们可以从梁启超的治学经历中学到什么呢？他不因治古代学术而脱离现实，始终关注社会时弊，关注世态民心。他对传统文化，致力于取其精华、去其糟粕，并不盲从古人，却对先贤思想抱着历久弥新的热情。他从古代思想中寻找最现代的东西，正如他从清代考据学中看到现代科学的客观性。更重要的是，用胡适的观点来说，梁启超第一次用历史的眼光来整理中国旧学术思想，告诉我们还有这样一种思维方式——当我们看待一件事物时，要把它放在一个完整的历史时段中去考量，要明白它的源流在哪里，发展什么样，动因又如何。这种思维方式，值得同学们在今天的学习中尝试与运用。

梁启超的治学，追求"新"与"广"，从"觉世"始，以"传世"终。他"迎接新世运，开出新潮流"，用尽心血与智慧来唤醒我们的世界。我们讲梁启超的治学，不仅仅是为了理解他作为学者的思想与苦心，更是为我们的学习生涯，寻找正确的目标与方法。

任京师图书馆馆长的梁启超

背景阅读

梁启超与清华校训

梁启超一生与北京大学、清华大学两所名校都有不解之缘。除北京大学的前身——京师大学堂的首份办学章程为梁启超草拟外，清华大学的校训"自强不息，厚德载物"最早也由梁启超提出。"自强不息，厚德载物"源于《周易》中的乾、坤二卦，卦辞是"天行健，君子以自强不息；地势坤，君子以厚德载物"。1914 年冬，梁启超到清华发表了一场题为《君子》的演讲，即以这段话为中心内容，指出：君子既应该像天道运行一样刚健不息、坚忍强毅，又应该像大地一样宽厚博大、容载万物，只有这样，才能担负起改造国家与世界的历史重任。

清华大学校训"自强不息，厚德载物"，由1914年冬梁启超在清华学校作的演讲而来

背景阅读

梁启超治学

学者梁漱溟在《纪念梁任公先生》一文中写道："任公的特异处，在感应敏速[1]，而能发皇于外[2]，传达给人。他对于各种不同的思想学术极能吸收，最善发挥，但缺乏含蓄深厚之致……

总论任公先生一生成就，不在学术，不在事功，独在他迎接新世运[3]，开出新潮流，撼动全国人心，达成历史上中国社会应有之一段转变。"

【注释】

1 敏速：敏捷迅速。

2 发皇：发扬光大。

3 世运：时代之间盛衰治乱的更迭变化。

中国之旧史（节选）

【导读】

　　梁启超很早就打算撰写中国通史，向人民揭示中国自古以来爱国思想是何等发达。在他看来，这是一个学者向国民尽心尽责的最重要方法。由此可见，史学对梁启超而言是一种工具，也是一种责任，写史的目的，在于激发民众的爱国情感。这时梁启超正因戊戌变法失败而流亡日本，接触到许多日本学者翻译和撰写的史书。这些现代史学著作与中国传统史学形成了鲜明的反差，也颇有

清光绪二十九年（1903）《新民丛报》

一些为梁启超直接借鉴。1901 年，梁启超在《清议报》发表《中国史叙论》，这是一篇确立中国新史学规范的论文。但到了1902 年，他或许觉得，在开始确立新史学之前，有必要先对旧史学进行批判。这一年，《中国之旧史》作为巨著《新史学》的一部分发表在《新民丛报》上，梁启超署名为"新史氏"。

　　这篇文章对传统史学发起疾风暴雨式的批判，提出"史界革命"的口号。与它的学术意义相比，这一口号的政治意义更为重要。梁启超希望为变革中的中国树立起历史叙述的典范，

就像近代欧洲民族国家通过民族历史唤起民族自豪感那样，为国民养成群力、群智、群德的民主政治素养。在那个时代，强调教化功能的"史界革命"成为广泛的思潮，受到不同政见学者的支持，具有里程碑式的开拓意义。

【正文】

于今日泰西通行诸学科中，为中国所固有者，惟史学。史学者，学问之最博大而最切要者也[1]，国民之明镜也，爱国心之源泉也。今日欧洲民族主义所以发达，列国所以日进文明[2]，史学之功居其半焉。然则，但患其国之无兹学耳。苟其有之，则国民安有不团结？群治安有不进化者？虽然，我国兹学之盛如彼，而其现象如此，则又何也？……吾推其病源，有四端焉。

【注释】

1 切要：必须、关键。　　　　　　　　　　　　　　　2 日进：每天进步。

【解析】

在今天西方通行的现代学科中，中国本来就有的，只有史学。史学是学问之中最博大、最关键的，是国民的明镜，是爱国心的源泉。今天欧洲的民族主义之所以发达，欧洲国家之所以文明、之所以每天都能进步，史学占了一半的功劳。一个国家最怕没有史学。有史学的国家，国民哪里会不团结？社会群体的政治哪里会不进化呢？即使是这样，我国的史学这么兴盛，而我国的政治现状却是这么个样子，又是因为什么呢？我推究一下这病的源头，有以下四点。

这一段开宗明义，表示史学是用来"以史为鉴"的，可以唤起民众的爱国心。史学叙述的是一个国家的过去，但它应当为国家的政治现状和未来发展提供借鉴。因此，梁启超对我国发达的传统史学进行批评。他并不是批评史学本身，而是讨论希望用什么样的视角来研究史学，希望利用史学能发挥出什么功能。

【正文】

一曰，知有朝廷而不知有国家。吾党常言，二十四史非史也，二十四姓之家谱而已。其言似稍过当，然按之作史者之精神，其实际固不诬也。吾国史家以为，天下者，君主一人之天下。故其为史也，不过叙某朝以何而得之，以何而治之，以何而失之而已，舍此则非所闻也……盖从来作史者，皆为朝廷上之君若臣而作[1]，曾无有一书为国民而作者也……

二曰，知有个人而不知有群体。历史者，英雄之舞台也。舍英雄几无历史，虽泰西良史，亦岂能不置重于人物哉？虽然，善为史者，以人物为历史之材料，不闻以历史为人物之画像；以人物为时代之代表，不闻以时代为人物之附属。……夫所贵乎史者，贵其能叙一群人相交涉、相竞争、相团结之道，能述一群人所以休养生息、同体进化之状，使后之读者爱其群、善其群之心，油然生焉！今史家多于鲫(ji)鱼[2]，而未闻有一人之眼光能见及此者。此我国民之群力、群智、群德所以永不发生，而群体终不成立也。

三曰，知有陈迹而不知有今务[3]。凡著书贵宗旨，作史者，将为若干之陈死人作纪念碑耶？为若干之过去事作歌舞剧耶？殆非也。将使今世之人，鉴之裁之，以为经世之用也……

四曰，知有事实而不知有理想……史之精神维何[4]？曰理想是已。大群之中有小群，大时代之中有小时代，而群与群之相际[5]，时代与时代之相续，其间有消息焉，有原理焉。作史者苟能勘 (kān) 破之[6]，知其以若彼之因，故生若此之果，鉴既往之大例，示将来之风潮，然后其书乃有益于世界……

【注释】

1 若：同。

2 鲫鱼：引用"过江之鲫"的典故，形容多而纷乱，盲目跟风。

3 陈迹：旧痕迹。

4 维：表示判断，等于"是"。

5 际：边，这里指挨着。

6 勘破：参破，看穿。

【解析】

第一点是知道有朝廷而不知有国家。我们维新党人经常说，二十四史并不是历史，只是二十四姓的家谱而已。这话似乎有些过分，但如果去衡量撰史者的写作目的，实际上也没冤枉他们。我国史学家认为天下是君主一人的天下，所以写史书，只写某朝为什么得天下，怎样治天下，怎样丢天下，其他的都不说。他们写史书都是为朝廷上的帝王将相写的，并没有一本史书为了国民而写。

第二点是知道有个人而不知有群体。我们讲历史，当然也要表现历史上的英雄人物，西方的史学家也是着重表现历史人物的。但好的史学家应该把人物当成历史的材料，不是把历史当作人物的画像；把人物当成时代的代表，不是让时代变成人物的附属。史学的价值在于，能叙述社会群体之间互相交涉、竞争、团结的方式，能叙述社会群体的休养生息与共同进化，让后来的读者能油然生出爱群体、为群体做贡献的心。现在史学家那么多，却并无一人能有群体的眼光，所以我国民众群体的力量、群体的智慧、群体的德行都没有培养出来，群体也不能成立。

第三点是知道有过去的事迹而不知道今天的要务。写书最重要的是宗旨。写史书的宗旨不是为死去的人做纪念碑，也不是拿过去的事情演戏，是为了给今天的人提供借鉴取裁，影响改变今天的世界。

第四点是知道事实而不知道理想。历史的精神是什么？是理想。大群体中有小群体，大时代中有小时代，群体和群体、时代和时代都是互相接续的，它们之间有历史的规律存在。史学家如果能看到这一点，知道以那样的原因，产生这样的结果，借鉴以往的例子，展示将来的风潮，这样的史书才能有益于世界。

梁启超在这一段指出，我们要用现代的观念来书写历史，揭示历史的规律，书写当代史，为当下服务。他认为，史学要从历史中寻找社会群体之间的互动，要从历史中寻找社会发展的动因与规律，这是史学极大的进步。

【正文】

今日欲提倡民族主义，使我四万万同胞强立于此优胜劣败之世界乎[1]？则本国史学一科，实为无老无幼、无男无女、无智无愚、无贤无不肖所皆当从事[2]，视之如渴饮饥食，一刻不容缓者也。然遍览乙库中数十万卷之著录[3]，其资格可以养吾所欲、给吾所求者，殆无一焉。呜呼！史界革命不起，则吾国遂不可救。悠悠万事，惟此为大！《新史学》之著，吾岂好异哉？吾不得已也。

【注释】

1 四万万：四亿，指当时中国人口数量。 优胜劣败：社会达尔文主义的观念，把人类社会比作自然丛林，沿用自然界物种竞争、优胜劣败的法则。

2 不肖：本指败家子不像自己的先人，引申为不成材、不正派。

3 乙库：传统上将国学典籍分为经、史、子、集四类，有时也用甲、乙、丙、丁代替，乙库即指史书。

【解析】

今天要提倡民族主义，要让我国同胞在优胜劣败的竞争中取得胜利，那么需要不分老幼，不分男女，不分聪明愚蠢，不分道德品质高尚狭隘，都要来学习历史，好像渴求饮食一样刻不容缓。但是现有的历史类著作，可以满足我们要求的，恐怕一无所有。史界革命不兴起，我国也就没救了。这是当务之急、重中之重。所以，写《新史学》并不是我标新立异，而是我迫不得已呀！

今天的史学，与百年前相比，确实经历了天翻地覆的革命，梁启超的呼吁，放在当时救亡图存的环境下，自然也会有当时的合理因素存在。不过，社会达尔文主义的观念，现在已经不再流行了。在探索人类命运共同体的今天，全世界人民更应该求同存异、和平共处，摆脱帝国主义扩张时期优胜劣败、野蛮竞争的旧思路，这是我们未来的努力方向。

背景阅读

什么叫"二十四史"

历代官修纪传体史书，是传统史学中"正史"的代表。具体指《史记》《汉书》《后汉书》《三国志》《晋书》《宋书》《南齐书》《梁书》《陈书》《魏书》《北齐书》《周书》《隋书》《南史》《北史》《旧唐书》《新唐书》《旧五代史》《新五代史》《宋史》《辽史》《金史》《元史》《明史》这二十四部史书。

小问题

你喜欢学历史吗？学历史对你的生活有什么帮助吗？

花絮／链接

观看网络公开课：北京大学历史公开课《中国古代政治与文化》，主讲人：阎步克、邓小南

科学精神与东西文化（节选）

【导读】

这篇文章是 1922 年梁启超在南通举办的中国科学社第七次年会上的演讲稿。这一年梁启超以学术宣传为己任，在全国举办了二十余次学术演讲，直到 1923 年初诊断出心脏病，才不得不休息。在这段密集的演讲期内，这篇演讲是少有的关于科学的讲话。

梁启超尽管并不研究自然科学，也不研究科学哲学，但他对自然科学颇有兴趣，早在 1902 年就写下《格致学沿革考略》一文。"格致"一词，来源于《礼记·大学》中的"格物致知"，被宋代哲学家朱熹发扬光大，指穷推事物之理，从而获得真知，在早期西学东渐之时被借用来指自然科学。而辛亥革命之后，包括梁启超及康有为在内的一代学者，纷纷抛弃"格致"的说法，改用"科学"。这意味着他们认识到，"科学"并不能和任何传统概念直接类比，也不局限于自然科学的范畴之内。

到了 1919 年，梁启超与诸多门人好友旅欧游历，1920 年返回。在第一次世界大战后弥漫着破败颓废气息的欧洲穿行，梁启超惊讶地看到欧洲人对文化与信仰生出了怀疑，他记下"欧洲人做了一场科学万能的大梦，到如今却叫起'科学破产'来，这便是思潮变迁一个大关键"。1922 年，梁启超并不是在"科学万能"或"西学东渐"的热潮下来讲科学精神，而是在看到世人对科学产生怀疑、对西方现代文明产生疑问，并对中国传统文化抱有更强的自信心之后，重新来强调什么是科学精神，我们为什么需要科学精神，中国文化应该怎样吸纳它。

梁启超讲的并不仅仅是自然科学，也包括社会科学；不仅仅讲科学的研究，也讲述科学的意义、科学的地位、科学的范式与科学的验证；不仅仅讲向西方学习科学，更强调我们中国人同样要发展自己的科学。这篇文章中的观点，值得我们每一位同学细细咀嚼。

背景阅读

中国科学社

中国科学社，原名科学社，是中国最早的现代科学学术团体。它由留学美国康乃尔大学的中国学生赵元任、任鸿隽、杨铨等在 1915 年发起成立，以"联络同志、研究学术，以共图中国科学之发达"为宗旨。1918 年科学社自美国迁回国内，总社设在南京高等师范学校（今南京大学）。中国科学社虽然是一个私人学术团体，但是自成立以后，就成为我国科学事业最权威的领导机构，直到 1959 年停止活动。

【正文】

今日我感觉莫大的光荣，得有机会在一个关系中国前途最大的学问团体——科学社的年会来讲演。但我又非常惭愧而且惶恐，象我这样对于科学完全门外汉的人，怎样配在此讲演呢？……我希望国内不懂科学的人或是素来看轻科学、讨厌科学的人，听我这番话得多少觉悟，那么，便算我个人对于本社一点贡献了。

近百年来科学的收获如此其丰富：我们不是鸟，也可以腾空；不是鱼，也可以入水；不是神仙，也可以和几百千里外的人答话……诸如此类，那一件不是受科学之赐？任凭怎么顽固的人，谅来"科学无用"这句话，再不会出诸口了。然而中国为什么直到今日还得不着科学的好处？直到今日依然成为"非科学的国民"呢？我想，中国人对于科学的态度，有根本不对的两点：

【解析】

梁启超开篇表明自己是科学的门外汉，演讲做给国内不懂科学的人或是素来看轻科学、讨厌科学的人，希望能够改变他们的看法。科学不可能无用，那么中国的科学为什么不能得到大的发展呢？梁启超觉得，这或许在于当时国人对于科学的态度，存在一些误解。

【正文】

其一，把科学看得太低了，太粗了。我们几千年来的信条，都说的"形而上者谓之道，形而下者谓之器"，"德成而上，艺成而下"这一类话。多数人以为：科学无论如何高深，总不过属于艺和器那部分，这部分原是学问的粗迹，懂得不算稀奇，不懂得不算耻辱。又以为：我们科学虽不如人，却还有比科学更宝贵的学问——什么超凡入圣的大本领，什么治国平天下的大经纶，件件都足以自豪，对于这些粗浅的科学，顶多拿来当一种补助学问就彀(gòu)了[1]。因为这种故见横亘在胸中[2]，所以从郭筠(yún)仙、张香涛这班提倡新学的先辈起[3]，都有两句自鸣得意的话，说什么"中学为体，西学为用"。这两句话现在虽然没有从前那么时髦(máo)了，但因为话里的精神和中国人脾胃最相投合，所以话的效力，直到今日，依然为变相的存在……

【注释】

1 彀：同"够"。

2 故见：旧的见解。

3 郭筠仙：晚清名臣郭嵩焘（1818—1891），字筠仙。郭嵩焘是湖南湘阴人，湘军的创建者之一，清朝首位驻外使节。他是洋务派的代表人物，主张学习西方先进技术。　张香涛：晚清名臣张之洞（1837—1909），号香涛。张之洞是直隶（今河北）南皮人，晚清洋务派领袖之一，官至大学士、军机大臣。他在自己的著作《劝学篇》中全面阐述了洋务派"中学为体，西学为用"的指导思想。

【解析】

"形而上者谓之道，形而下者谓之器"，是《周易·系辞》的话。"德成而上，艺成而下"是《礼记·乐记》的话。中国传统学术有轻视具体事物、轻视技术的倾向，觉得它们是"器"，也就是工具，或觉得它们是"艺"，也就是技术，地位都不高。这类观念多不多呢？实在很多。在这次演讲之后的1923年，就爆发了"科学与玄学之争"，玄学派认为，科学不能解决人生观的问题，还是要交给玄学处理，所以玄学最高。支持玄学的张君劢(mài)和支持科学的丁文江、胡适都与梁启超交情不浅，梁启超不仅居中调停，而且本人多少赞同道德与人生并不是科学主管的范围。

但"形而上"的道德，与科学是否有高下之分呢？梁启超的回答是：并不是。郭嵩焘、张之洞是洋务运动的领袖，他们引进西方学术的时候，是只希望引进西方技术的，并且认为"中学为体，西学为用"，也就是说中国的旧思想是根本，西方的技术是外在表现。甚至梁启超自己，在写下《京师大学堂章程》的时候，也运用了类似的表述。那么，思想和技术有中西之分吗？看梁启超晚年在这里的想法，他也不再这样认为。

郭嵩焘

张之洞

【正文】

其二，把科学看得太呆了，太窄了。那些绝对的鄙厌科学的人且不必责备，就是相对的尊重科学的人，还是十个有九个不了解科学性质。他们只知道科学研究所产结果的价值，而不知道科学本身的价值；他们只有数学、几何学、物理学、化学……等等概念，而没有科学的概念。他们以为学化学便懂化学，学几何便懂几何；殊不知并非化学能教人懂化学，几何能教人懂几何，实在是科学能教人懂化学和几何。他们以为只有化学、数学、物理、几何……等等才算科学，以为只有学化学、数学、物理、几何……等等才用得着科学；殊不知所有政治学、经济学、社会学……等等，只要敷得上一门学问的，没有不是科学。我们若不拿科学精神去研究，便做那一门子学问也做不成……

我大胆说一句话：中国人对于科学这两种态度倘若长此不变，中国人在世界上便永远没有学问的独立，中国人不久必要成为现代被淘汰的国民。

【解析】

这一段讲"科学"的定义。在梁启超看来科学并不是具体的研究成果，也不等同于某一门具体学科，科学是一种体系，是一种思维方式，这种思维方式带领我们学习化学、几何这些具体知识，产生研究成果。科学也不等同于理工科，人文社会科学也是科学。从具体的某一门类的科学里，我们可以获得知识，可以获得技术，也可以通过思考来推理证明，但科学并不仅仅是上述任何一项内容，而是科学精神，这种精神才是做学问要领会的根本。

【正文】

科学精神是什么？我姑从最广义解释[1]："有系统之真智识[2]，叫做科学；可以教人求得有系统之真智识的方法，叫做科学精神。"这句话要分三层说明：

第一层，求真智识。智识是一般人都有的，乃至连动物都有。科学所要给我们的，就争一个"真"字。一般人对于自己所认识的事物，很容易便信以为真；但只要用科学精神研究下来，越研究便越觉求真之难……要钻在这件事物里头去研究，要绕着这件事物周围去研究，要跳在这件事物高头去研究，种种分析研究结果，才把这件事物的属性大略研究出来，算是从许多相类似容易混淆的个体中，发现每个个体的特征。换一个方向，把许多同有这种特征的事物，归成一类，许多类归成一部，许多部归成一组，如是综合研究的结果，算是从许多各自分离的个体中，发现出他们相互间的普遍性。经过这种种工夫，才许你开口说"某件事物的性质是怎么样"。这便是科学第一件主要精神。

【注释】

1 姑：姑且，暂且如此。　　　2 智识：即知识。

【解析】

　　这里讲科学精神的定义。首先是求真。怎样才能判别知识的真伪呢？这需要一套验证的方式。有时要深入事物内部，有时要事物之间类比，有时要超越事物本身，从普遍的属性中推知"特殊"，也要从个体的事物中归纳出"一般"。

【正文】

第二层，求有系统的真智识。智识不但是求知道一件一件事物便了，还要知道这件事物和那件事物的关系，否则零头断片的智识全没有用处。知道事物和事物相互关系，而因此推彼，得从所已知求出所未知，叫做有系统的智识。系统有二：一竖，二横。横的系统，即指事物的普遍性——如前段所说。竖的系统，指事物的因果律——有这件事物，自然会有那件事物；必须有这件事物，才能有那件事物；倘若这件事物有如何如何的变化，那件事物便会有或才能有如何如何的变化；这叫做因果律。明白因果，是增加新智识的不二法门，因为我们靠他，才能因所已知，推见所未知；明白因果，是由知识进到行为的向导，因为我们预料结果如何，可以选择一个目的做去。虽然，因果是不轻容易谭的[1]：第一，要找得出证据；第二，要说得出理由。因果律虽然不能说都要含有"必然性"，但总是愈逼近"必然性"愈好，最少也要含有很强的"盖然性"[2]，倘若仅属于"偶然性"的便不算因果律……

【注释】

1 谭：同"谈"。　　　　　　　　　2 盖然性：有可能但又不是必然的性质。

【解析】

在这一段中梁启超谈到，仅判定知识的真伪是不够的，知识还要成系统。知识是关于个体事物的认知，而事物之间的关系也十分重要。知识的系统，包括事物之间的普遍联系，也包括因果律的推演。普遍性串联起一处知识与另一处知识，因果律串联起已知和未知。普遍联系怎样求得呢？就是上段所说的"从许多各自分离的个体中，发现出他们相互间的普遍性"。因果律怎样应用呢？就要靠证据来证明，靠思考推知其中的原理，这样才能通过掌握知识，来指导我们的行为。因果律要接近"必然性"，"偶然性"不算因果律。

【正文】

第三层，可以教人的智识。凡学问有一个要件，要能"传与其人"。人类文化所以能成立，全由于一人的智识能传给多数人，一代的智识能传给次代。……倘若智识不可以教人，无论这项智识怎样的精深博大，也等于"人亡政息"，于社会文化绝无影响。中国凡百学问，都带一种"可以意会，不可以言传"的神秘性，最足为智识扩大之障碍。……科学家恰恰相反，他们一点点智识，都是由艰苦经验得来；他们说一句话总要举出证据，自然要将证据之如何搜集、如何审定一概告诉人；他们主张一件事总要说明理由，理由非能彀还原不可，自然要把自己思想经过的路线，顺次详叙。所以别人读他一部书或听他一回讲义，不惟能彀承受他研究所得之结果，而且一并承受他如何能研究得此结果之方法，而且可以用他的方法来批评他的错误。方法普及于社会，人人都可以研究，自然人人都会有发明。这是科学第三件主要精神。

【解析】

这段其实讲了两点。一是科学的知识要有规律，不带有神秘色彩；二是科学的知识要可以还原、可以验证。科学的知识能指出证据链，能清楚地表示推理过程，也能经得起他人的验证。我们今天做了实验需要公布数据，等待他人重复验证，就是这个道理。传统文化中，最高的道理常常很神秘，"只可意会，不可言传"，但是我们今天一般认为，这是审美的范畴，而不属于科学。当然，科学并不是万能的，科学有价值，正在于它不万能。

【正文】

我最后还要补几句话：我虽然照董事部指定的这个题目讲演，其实科学精神之有无，只能用来横断新旧文化，不能用来纵断东西文化。若说欧美人是天生成科学的国民，中国人是天生成非科学的国民，我们可绝对的不能承认。拿我们战国时代和欧洲希腊时代比较，彼此都不能说是有现代这种崭新的科学精神，彼此却也没有反科学的精神。秦汉以后，反科学精神弥漫中国者二千年；罗马帝国以后，反科学精神弥漫于欧洲者也一千多年。两方比较，我们隋唐佛学时代，还有点"准科学的"精神不时发现，只有比他们强，没有比他们弱……只要我们不讳疾忌医[1]，努力服这剂良药，只怕将来升天成佛[2]，未知谁先谁后哩！我祝祷科学社能做到被国民信任的一位医生，我祝祷中国文化添入这有力的新成分，再放异彩！

1 讳疾忌医：典出宋周敦颐《周子通书》："今人有过，不喜人规，如讳疾而忌医，宁灭其身而无悟也。"意指怕提自己有病，就不看医生。比喻掩饰缺点、错误，不愿改正。

2 升天成佛：南朝诗人谢灵运与会稽太守孟𫖮不和，孟𫖮信佛教，谢灵运便嘲笑他说："得道应需慧业，丈人升天当在灵运前，成佛必在灵运后。"因此得罪孟𫖮，遭到诬陷。这里表示到了出结果的时候，不知谁先谁后。

【解析】

这一段告诉我们，有没有科学精神，只能用来判断文化的新旧，不能用来划分东方与西方。科学并不专归欧美人所有，我们不能因为传统上不重视技术而排斥科学精神。要知道我们和欧洲在历史上都有过不反科学的开明时期，也都有过反科学的闭塞时期。我们不需要掩饰今天在科学发展上的落后，只要奋起直追，最终谁先谁后，还不可断定呢。最终梁启超祝愿，希望中国文化能够添入科学精神这一有力的新成分。

小问题

你觉得科学可以解决什么问题？有什么问题是科学不能解决的吗？

花絮 / 链接

观看纪录片：《你最想知道的科学》(全六集，英国广播公司 BBC 出品)

学问之趣味（节选）

【导读】

　　这是梁启超 1922 年 8 月在国立东南大学暑期学校的演讲，发表于《时事新报》。梁启超在这里以自身经验现身说法，讲述人生需要趣味、求学需要趣味，以及学问的趣味怎样得来。

　　"趣味主义"是梁启超治学的立足点。趣味可以从劳动、游戏、艺术、学问中获得，那么学问的趣味怎样获取？梁启超提出四点：一是以趣味为目的，二是持之以恒，三是深入地研究，四是寻找志同道合的伙伴。这与我们今日所说的快乐教育相似，把兴趣当作教育的前提和学生主动学习的动力。但快乐

国立东南大学旧照

教育依然是在老师家长的引导下去做，学问的趣味却是教会学生自己主动发掘研习精深学问的乐趣。

梁启超在教育上一直提倡"趣味教育"，这是他教育理念的重要基石——求学的人需要自己学习找到趣味，建设教育体系要强调唤起学生的趣味，梁启超本人一生中把趣味当作人生的根柢，和自己的孩子相处也培植他们的生活趣味。梁启超后期的教育理念，受罗素影响很大，罗素欣赏中国人不功利的"内部宁静"，梁启超也试图在教育中开掘人心中自发的、不功利的东西。

早在1922年的4月，梁启超给直隶教育联合研究会做过演讲《趣味教育与教育趣味》，其中对"趣味"有更详细的阐发。趣味是什么？它是生活的原动力，是一种精神上的愉悦，是不同于干瘪萧索的人生的活泼泼的生意。这实际上是对审美情趣的追求，由于是审美，自然也有高下之分，我们应当追求高等趣味。4月的演讲是讲给老师们的，8月的演讲讲给学生。无论是教是学，都应该满怀趣味，把学问当成一门事业，才能做到教学相长，共同进步。

【正文】

我是个主张趣味主义的人：倘若用化学化分"梁启超"这件东西，把里头所含一种原素名叫"趣味"的抽出来[1]，只怕所剩下仅有个零了。我以为：凡人必常常生活于趣味之中，生活才有价值。若哭丧着脸捱过几十年，那么，生命便成沙漠，要来何用？……我觉得天下万事万物都有趣味，我只嫌二十四点钟不能扩充到四十八点，不够我享用。我一年到头不肯歇息，问我忙什么？忙的是我的趣味。我以为这便是人生最合理的生活，我常常想运动别人也学我这种生活[2]。

【注释】

1 原素：即元素。　　　　　　　　2 运动：在此指鼓动。

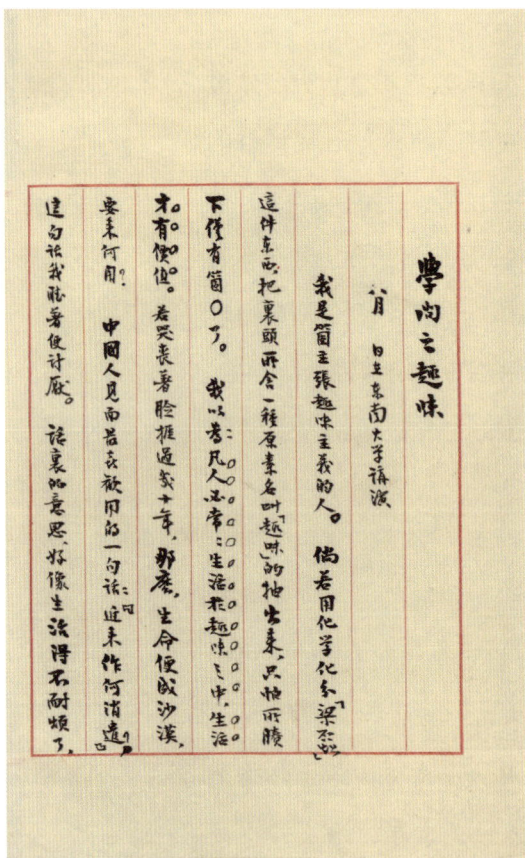

梁启超《学问之趣味》手稿

【解析】

　　这一段梁启超用自己的生活经验和态度论证"趣味"的重要性，劝告我们不要过苦闷勉强的生活。他常讲"兴会淋漓"，这是一种充满活力的人生境界，自己也因此充满生活动力。蒋百里曾经与梁启超一起办教育，他曾经评价梁启超说："任公惟做讲师，才把他的活泼的人格精神一发痛快表现出来。"梁启超正是用自己的生机勃发，带动别人的人生趣味。

【正文】

　　凡属趣味，我一概都承认他是好的，但怎么样才算"趣味"，不能不下一个注脚。我说："凡一件事做下去不会生出和趣味相反的结果的，这件事便可以为趣味的主体。"赌钱趣味吗？输了怎么样？吃酒趣味吗？病了怎么样？做官趣味吗？没有官做的时候怎么样？……诸如此类，虽然在短时间内象有趣味，结果会闹到俗语说的"没趣一齐来"，所以我们不能承认他是趣味。凡趣味的性质，总要以趣味始以趣味终。所以能为趣味之主体者，莫如下列的几项：一、劳作；二、游戏；三、艺术；四、学问。诸君听我这段话，切勿误会以为：我用道德观念来选择趣味。我不问德不德，只问趣不趣。我并不是因为赌钱不道德才排斥赌钱，因为赌钱的本质会闹到没趣，闹到没趣便破坏了我的趣味主义，所以排斥赌钱；我并不是因为学问是道德才提倡学问，因为学问的本质能彀以趣味始以趣味终，最合于我的趣味主义条件，所以提倡学问。

【解析】

　　这一段阐明梁启超思想体系中"趣味"的定义。趣味不是一种道德判断，它和道德无关。但有趣的东西多少符合道德，不道德的东西短时间内看着有趣，长期总会带来坏的后果，破坏生活平衡，最终闹到没趣。真正的趣味，要以趣味始，以趣味终，这其中就包括学问。

中国科学院院士梁思礼的"趣味人生"

受父亲梁启超影响，幼子梁思礼性格爽朗乐观，与父亲一样，崇尚趣味主义。正是这样的性格，让他不仅在事业上成就了辉煌，而且业余爱好颇多。大学时，梁思礼参加了学校古典式摔跤队，并获得了冠军。同时，他对篮球也很痴迷，有 NBA 的球赛，他总要挤出时间收看。对于音乐、摄影和游泳，梁思礼也很喜爱，但最爱的要数下象棋了。到晚年，他又迷上了与计算机下象棋，只要有时间，就总要与计算机厮杀几盘。

1987 年 12 月 13 日，梁思礼院士在梁启超纪念中学奠基仪式上致辞

【正文】

......

诸君要尝学问的趣味吗？据我所经历过的有下列几条路应走：

第一，"无所为 (wèi)"。趣味主义最重要的条件是"无所为 (wèi) 而为 (wéi)"。凡有所为 (wèi) 而为 (wéi) 的事，都是以别一件事为目的而以这件事为手段；为达目的起见勉强用手段，目的达到时，手段便抛却。......你问我"为什么做学问。"我便答道："不为什么。"再问，我便答道："为学问而学问。"或者答道："为我的趣味。"诸君切勿以为我这些话掉弄虚机[1]；人类合理的生活本来如此。小孩子为什么游戏？为游戏而游戏；人为什么生活？为生活而生活。为游戏而游戏，游戏便有趣；为体操分数而游戏，游戏便无趣。

第二，不息。"鸦片烟怎样会上瘾 (yǐn)？""天天吃。""上瘾"这两个字，和"天天"这两个字是离不开的。凡人类的本能，只要那部分阁久了不用[2]，他便会麻木会生锈。十年不跑路，两条腿一定会废了；每天跑一点钟，跑上几个月，一天不得跑时，腿便发痒。人类为理性的动物，"学问欲"原是固有本能之一种；只怕你出了学校便和学问告辞，把所有经管学问的器官一齐打落冷官，把学问的胃弄坏了，便山珍海味摆在面前也不愿意动筷子。诸君啊！诸君倘若现在从事教育事业或将来想从事教育事业，自然没有问题，很多机会来培养你学问胃口。若是做别的职业呢？我劝你每日除本业正当劳作之外，最少总要腾出一点钟，研究你所嗜好的学问。一点钟那里不消耗了？千万别要错过，闹成"学问胃弱"的证候[3]，白白自己剥夺了一种人类应享之特权啊！

第三，深入的研究。趣味总是慢慢的来，越引越多；像那吃甘蔗[4]，越往下才越得好处。……我方才说："研究你所嗜好的学问，"嗜好两个字很要紧。一个人受过相当的教育之后，无论如何，总有一两门学问和自己脾胃相合，而已经懂得大概可以作加工研究之预备的。请你就选定一门作为终身正业（指从事学者生活的人说），或作为本业劳作以外的副业（指从事其他职业的人说）。不怕范围窄，越窄越便于聚精神；不怕问题难，越难越便于鼓勇气。你只要肯一层一层的往里面追，我保你一定被他引到"欲罢不能"的地步。

第四，找朋友。趣味比方电，越磨擦越出。前两段所说，是靠我本身和学问本身相摩擦；但仍恐怕我本身有时会停摆，发电力便弱了。所以常常要仰赖别人帮助。一个人总要有几位共事的朋友，同时还要有几位共学的朋友。共事的朋友，用来扶持我的职业；共学的朋友和共顽的朋友同一性质，都是用来磨擦我的趣味。这类朋友，能彀和我同嗜好一种学问的自然最好，我便和他打伙研究。即或不然——他有他的嗜好，我有我的嗜好，只要彼此都有研究精神，我和他常常在一块或常常通信，便不知不觉把彼此趣味都磨擦出来了。得着一两位这种朋友，便算人生大幸福之一。我想只要你肯找，断不会找不出来。

【注释】

1 掉弄：卖弄。　　虚机：虚妄无用的道理。

2 阁：同"搁"。

3 证候：病的症状。

4 吃甘蔗：甘蔗越接近地面，含糖量越高，从梢头吃到根部越吃越觉得甜，即成语"渐入佳境"的由来。

【解析】

　　以上几段，梁启超给出了四条可以促进和辅助体会学问趣味的路径：第一，有趣的学习，不是为了什么而学。如果学习是为了什么别的目的，那目的达到了，对学习自然就失去了兴趣。只有专注于学习本身，把学习的乐趣当作学习的目的，才能越学越深。这是合乎人性的。自然而然的东西最合理，比如说我们想玩游戏，一定只是为了好玩，如果把游戏当作一堂课来打分，也就不好玩了。《趣味教育与教育趣味》中，梁启超也一再提醒老师们，不能通过强迫学习来摧残学生的趣味。

　　第二，要对学习产生兴趣，就要先养成学习的习惯。天天干什么都会上瘾，天天学习也不例外。人的本能都是"用进废退"的，总是不用，就不习惯。比如跑步，我们都有经验，如果常年逃体育课，不去锻炼，跑起步来全身都会发痛。本能需要培养，哪怕是食欲，最基础的本能之一，喜欢吃东西的人总比喜欢学习的人要多，可是如果把胃口搞坏了，照样山珍海味摆在面前也不愿意动筷子。学习同样是一种本能，为什么呢？因为人都有好奇心，碰到不知道的东西，越琢磨越陷进去。这种天然的好奇就是趣味产生的根源，我们要像养胃口一样培养着它，学习时才能"胃口大开"。

　　第三，产生兴趣要靠深入研究，要慢慢来，向深处挖掘。

因此，研究学问，要合乎自己的嗜好。如果你做学者，那就把嗜好当作你的主业；如果你没有以学术为业，那就把嗜好当作你的副业。不怕范围窄，也不怕问题难，求知是种本能，本能会被激发出来，引到"欲罢不能"的地步。

第四，职业上要有共事的朋友，学问上也要有共学的朋友。物体之间摩擦产生电，人之间互相带动产生趣味，什么事都是大家一起做才好玩。交朋友研究精神是首要的，朋友之间可以钻研共同的爱好，也可以各有各的嗜好，互相勉励，共同学习。

【正文】

我说的这四件事，虽然像是老生常谈[1]，但恐怕大多数人都不曾会这样做。唉！世上人多么可怜啊！有这种不假外求、不会蚀本、不会出毛病的趣味世界[2]，竟自没有几个人肯来享受！古书说的故事"野人献曝 (pù)"[3]，我是尝冬天晒太阳的滋味尝得舒服透了，不忍一人独享，特地恭恭敬敬的来告诉诸君。诸君或者会欣然采纳吧？但我还有一句话：太阳虽好，总要诸君亲自去晒，旁人却替你晒不来。

【解析】

梁启超讲的四件事，好像是老生常谈，平时也经常能听到。道理人人都懂，但真正身体力行的人却很少。梁启超还是从自身感受出发，想把自己的心得贡献给人们，哪怕贡献微薄，也是一份真诚的心意。而学习的乐趣，仍然需要我们读者去亲自实践。

小问题

你觉得读书有趣吗？如果答案是否定的，那你觉得，有趣味的教育应该是什么？

花絮／链接

阅读图书：《中国到自由之路：罗素在沪之演讲》，袁刚、孙家强、任丙强编，北京大学出版社，2004 年 8 月

为学与做人（节选）

【导读】

　　此文是 1922 年 12 月为苏州学生联合会所作的演讲，这年 11 月间梁启超酒醉伤风，第二年 1 月确诊心脏病，演讲时已是带病勉强坚持。前文讲述在学校教育中，我们需要学什么、怎样学，那么除去学习知识，我们还有没有别的东西需要不断陶冶、不断培育呢？学校教育带给我们的，并不只是学问本身，还要做一个健全的人。我们讲德、智、体全面发展，梁启超却提出一种不同的分类，他引用传统文化中儒家的三种重要道德境界——智、仁、勇，在教育上对应着知育、情育、意育。知育养成依靠判断力，需要磨砺常识、专业知识和总体的智慧。情育对应着传统儒家的核心观点"仁"，从人与人的关系之中，实现人格的完善。意育对应着孟子的观念，要涵养"浩然之气"，排除低劣的欲望，培育"虽千万人吾往矣"的勇敢意志。这样最终达到《论语》中"知者不惑[1]，仁者不忧，勇者不惧"的境界。无论是教育学生还是自我教育，都要如此。

　　梁启超在晚年一再致力于以中国传统文化诠释西方现代理

【注释】

1 知：同"智"。

念，在教育上也是如此。他曾在对清华留美学生的演讲《治国学杂话》中说："诸君回国之后，对于中国文化有无贡献，便是诸君功罪的标准。"

《为学与做人》融合了儒家思想与现代教育。儒学是一种道德哲学，它体现在生活日用之中，作用于人与人的关系之间，规范着人内心的修养与外在的行为方式；而教育的功能，正是帮助一个自然人成为有素养的社会人。梁启超一向讲求内心的生命体验，晚年之时也愈发推崇传统儒学陶冶心性的作用，这正是他为传统文化开掘现代意义的一种尝试。

【正文】

问诸君"为什么进学校？"我想人人都会众口一辞的答道："为的是求学问。"再问："你为什么要求学问？""你想学些什么？"恐怕各人的答案就很不相同，或者竟自答不出来了。诸君啊！我请替你们总答一句罢："为的是学做人。"你在学校里头学的什么数学、几何、物理、化学、生理、心理、历史、地理、国文、英语，乃至什么哲学、文学、科学、政治、法律、经济、教育、农业、工业、商业等等，不过是做人所需要的一种手段，不能说专靠这些便达到做人的目的，任凭你把这些件件学得精通，你能够成个人不能成个人还是个问题。

人类心理，有知、情、意三部分。这三部分圆满发达的状态，我们先哲名之为"三达德"——智、仁、勇。为什么叫做"达德"呢？因为这三件是人类普通道德的标准，总要三件具备，才能成一个人。三件的完成状态怎么样呢？孔子说："知者不惑，仁者不忧，勇者不惧。"所以教育应分为知育、情育、意育三方面——现在讲的知育、德育、体育不对，德育范围太笼统，体育范围太狭隘——知育要教到人不惑，情育要教到人不忧，意育要教到人不惧。教育家教学生，应该以这三件为究竟，我们自动的自己教育自己，也应该以这三件为究竟。

【解析】

开篇开宗明义，指出学问自是学问，并不能培养完满的人，做人需要另一种修养。学习知识对做人是有用处的，但是知识的精通不能使我们成人。

怎样算是圆满的人呢？人的心理分为知、情、意，梁启超将它们对应到《礼记·中庸》中的"三达德"——智、仁、勇之上。《中庸》的原话说："天下之达道五，所以行之者三。"就是说，天下的伦理关系有五种，而智、仁、勇是推行这些伦理关系的三种品德。因此，梁启超说，这三者是人类普通道德的标准。三者怎样才算完成呢？梁启超又引用了《论语·子罕》中的话，说"知者不惑，仁者不忧，勇者不惧"，不论教育别人，还是规范自己，都要穷尽这三种境界。我们的教育如何做到这三点？其实，《中庸》里面，孔子回答过，他说："好学近乎知，力行近乎仁，知耻近乎勇。"知道了这三者，就知道了怎样修身。那么，梁启超所讲的现代教育，对孔子的话有什么新创造呢？

為學與做人

十二年十二月廿七日為蘇州學生聯合會公開講演

諸君！我在南京講學將近三簡月了。這邊蘇州學界裏

頭有好幾回寫信來叫我，可惜我在南京差不多天天有功課的，不能分身

前來。今天到這裏，又承城各校諸君牽盛意，令我感激得很。

但有一件，還要諸君原諒：因為我一簡月以來，都帶著些病，

勉強支持。今天不能作很長的講演，恐怕有負諸君期望哩。

諸君啊！你們為什麼進學校？我想人人都會異口一辭的答道：為

梁启超《为学与做人》手稿

人应该受怎样的教育

我们现在熟知的德育、智育、体育概念，最早由古希腊哲学家亚里士多德提出。他在《论灵魂》一书里，把人的灵魂分为植物的、动物的、理性的，强调人要想和谐发展，就要分别对这三者施行教育，意即体育、德育、智育。民国初年，著名教育家蔡元培提出"五育并举"，培养完全人格的教育思想，五育即德育、智育、体育、美育，以及世界观教育。

蔡元培

【正文】

怎么样才能不惑呢？最要紧是养成我们的判断力。想要养成判断力，第一步，最少须有相当的常识，进一步，对于自己要做的事须有专门智识，再进一步，还要有遇事能断的智慧。假如一个人连常识都没有，听见打雷，说是雷公发威，看见月蚀，说是蛤蟆(há ma)贪嘴。那么，一定闹到什么事都没有主意，碰着一点疑难问题，就靠求神问卜看相算命去解决，真所谓"大惑不解"，成了最可怜的人了。学校里小学中学所教，就是要人有了许多基本的常识，免得凡事都暗中摸索。但仅仅有这点常识还不够，我们做人，总要各有一件专门职业。

这门职业，也并不是我一人破天荒去做，从前已经许多人做过，他们积了无数经验，发见出好些原理原则，这就是专门学识。……我们在高等以上学校所求的智识，就是这一类。但专靠这种常识和学识就够吗？还不能。宇宙和人生是活的不是呆的，我们每日所碰见的事理是复杂的变化的，不是单纯的印板的 [1]，倘若我们只是学过这一件，才懂这一件，那么，碰着一件没有学过的事来到跟前，便手忙脚乱了。所以还要养成总体的智慧，才能得有根本的判断力。这种总体的智慧如何才能养成呢？第一件，要把我们向来粗浮的脑筋着实磨练他 [2]，叫他变成细密而且踏实。那么，无论遇着如何繁难的事，我都可以彻头彻尾想清楚他的条理，自然不至于惑了。第二件，要把我们向来昏浊的脑筋，着实将养他 [3]，叫他变成清明。那么，一件事理到跟前，我才能很从容很莹澈的去判断他 [4]，自然不至于惑了。以上所说常识、学识和总体的智慧，都是知育的要件，目的是教人做到"知者不惑"。

【注释】

1 印板：刻板。

2 粗浮：粗浅轻浮。

3 将养：休养，保养。

4 莹澈：晶莹透明。

【解析】

　　"好学近乎知"，梁启超对知育的要求是通过学习，养成自身的判断力。有知识才可以判断，中小学讲常识，高等院校讲专业知识，此外还需要具备能够应对复杂情势的思维能力。常识让我们对基本问题有主意，免得凡事暗中摸索。专业知识让我们能够应对职业上的专门问题，但日常生活复杂变化，并不是刻板知识可以应对得了的，所以还需要总体的智慧，这需要细密踏实的思考，又需要从容明白的判断。人能做到从容判断，就不会产生疑惑，所以说"知者不惑"。

【正文】

　　怎么样才能不忧呢？为什么仁者便会不忧呢？想明白这个道理，先要知道中国先哲的人生观是怎么样。"仁"之一字，儒家人生观的全体大用都包在里头。"仁"到底是什么？很难用言语说明，勉强下个解释，可以说是："普遍人格之实现。"孔子说："仁者人也。"意思说是人格完成就叫做"仁"。但我们要知道，人格不是单独一个人可以表见的，要从人和人的关系上看出来。所以"仁"字从二人，郑康成解他做"相人偶"[1]。总而言之，要彼我交感互发，成为一体，然后我的人格才能实现。所以我们若不讲人格主义，那便无话可说；讲到这个主义，当然归宿到普遍人格。换句话说，宇宙即是人生，人生即是宇宙，我们的人格，和宇宙无二无别，体验得这个道理，就叫做"仁者"。然则这种仁者为甚么就会不忧呢？大凡忧之所从来，不外两端，一曰忧成败，二曰忧得失。我们得着"仁"的人生观，就不会忧成败。为什么呢？因为我们知道宇宙和人生是永远不会圆满的……正为在这永远不圆满的宇宙中，才永远容得我们创造进化。我们所做的事，不过在宇宙进化几万万里的长途中，往前挪一寸，两寸，那里配说成功呢²？然则不做怎么样呢？不做便连这一寸两寸都不往前挪，那可真真失败了。"仁者"看透这种道理，信得过只有不做事才算失败，肯做事便不会失败。所以《易经》说："君子以自强不息。"换一方面来看，他们又信得过凡事不会成功的，几万万里路挪了一两寸，算成功吗？所以《论语》说："知其不可而为之。"你想，有这种人生观的人，还有什么成败可忧呢？

再者，我们得着"仁"的人生观，便不会忧得失。为什么呢？因为认定这件东西是我的，才有得失之可言。……我只是为学问而学问，为劳动而劳动，并不是拿学问劳动等等做手段来达某种目的——可以为我们"所得"的。所以老子说，"生而不有，为而不恃"³，"既以为人己愈有，既以与人己愈多"⁴。你想，有这种人生观的人，还有什么得失可忧呢？总而言之，有了这种人生观，自然会觉得"天地与我并生，而万物与我为一"，自然会"无入而不自得"。他的生活，纯然是趣味化艺术化。这是最高的情感教育，目的教人做到"仁者不忧"。

【注释】

1 郑康成：东汉经学家郑玄（127—200），字康成。遍注群经，保存完整的有《周礼注》《仪礼注》《礼记注》《毛诗传笺》。"相人偶"是郑玄注《礼记·中庸》"仁者人也"的话。

2 那：同"哪"。

3 生而不有，为而不恃：出自《老子》，指道化生万物而不占有，成就万物而不依靠。

4 既以为人己愈有，既以与人己愈多：出自《老子》，指道虽然是"无"，可以化生出"有"，给别人提供了更多，自己就更为丰富。

【解析】

　　"仁者不忧"，"仁"是儒家思想的核心，但儒家先贤并没有给它完整的定义。梁启超把"仁"解释为拥有完全的人格，他引用的"仁者人也"，同样出自《中庸》。如果"仁"是一种完满的人格，那么这种人格不是单独一个人可以表现的，它体现在人和人的关系之中。我们看到，"仁"字由"人"和"二"组成，东汉经学家郑玄解释成相对的两个人。人与人之间彼此交感互发，成为一体，完全的人格才能体现。当然，近年出土的简帛中还有一个由"身"和"心"组成的"仁"字，它可能是个形声字，"心"表示它体现在人心，"身"表示它发音和"身"字相似。

　　人格不仅可以和其他人成为一体，还可以同宇宙融为一体，与天地精神相往来，这大概就是"仁"的最高境界。仁者没有忧虑，因为担忧有两种，一在成败，二在得失。仁者不在乎成败，是因为宇宙和人生是不圆满的，不圆满才能不断进步。我们所做的，都是历史旅途上的一小步，因为和宇宙比起来，它们可以说微乎其微，所以做到了也算不得成功。但是如果放弃了人生，什么都不做，却是实在的失败，所以我们不能失败，而是要像《周易·乾》卦说的那样，作为"君子"，要"自强不息"。这样既没有成功，也没有失败，所以就不为成败而忧虑。不在乎得失，是因为"无我"，人从来不能单独存在，"仁者"更是和宇宙融为一体，求学只是为了学问本身，劳动只是为了劳动本身，没有功利欲望，没有私心。梁启超引用了《老子》的话，"生而不有，为而不恃"描述的是作为宇宙本源的"道"，它化生万物而不占有，成就万物而不依靠。"既以为人己愈有，既以与人己愈多"，讲的是得道之人，给别人提供得更多，自己就更为丰富。这样的人不问自己占有了什么，而是通过付出而得到更多。"天地与我并生，而万物与我为一"出自《庄子·齐物论》，"无入而不自得"出自《中庸》，这样境界的人，生活是艺术化、趣味化的，所以不会担忧。

孔子在《中庸》中说，"力行近乎仁"，也是告诉我们，要尽力付出，才能接近"仁"的人格。

南宋刻递修本
《周易正义》

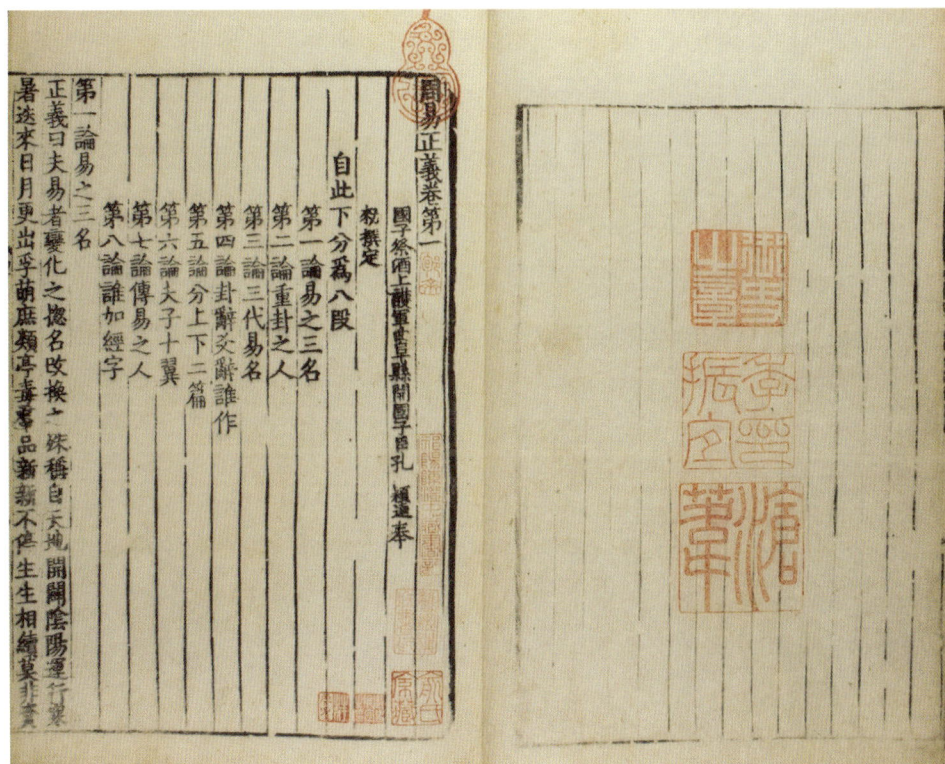

【正文】

　　怎么样才能不惧呢？有了不惑不忧工夫，惧当然会减少许多了。但这是属于意志方面的事。一个人若是意志力薄弱，便有很丰富的智识，临时也会用不着，便有很优美的情操，临时也会变了卦。然则意志怎么才会坚强呢？头一件须要心地光明，孟子说："浩然之气[1]，至大至刚。行有不慊(qiè)于心，则馁矣。"……俗话说得好："生平不作亏心事，夜半敲门也不惊。"一个人要保持勇气，须要从一切行为可以公开做起，这是第一著。第二件要不为劣等欲望之所牵制。《论语》记："子曰：'吾未见刚者。'或对曰：'申枨(chéng)。'子曰：'枨也欲，焉得刚。'"[2]一被物质上无聊的嗜欲东拉西扯，那么百炼钢也会变为绕指柔了。……意志磨练得到家，自然是看着自己应做得事，一点不迟疑，扛起来便做，"虽千万人吾往矣"[3]。这样才算顶天立地做一世人，绝不会有藏头躲尾左支右绌(chù)的丑态。这便是意育的目的，要教人做到"勇者不惧"。

【注释】

1 浩然之气：典出《孟子·公孙丑》。孟子说，光明正大的气，是世上最大最有力量的东西，要好好涵养，如果行事不符合自己的良心，就会缺少动力。梁启超对《孟子》原文有删改。

2 子曰……焉得刚：典出《论语·公冶长》。孔子说："我没有见过真正刚强的人。"有人回答说："申枨应该是吧。"孔子说："申枨这个人有太多的欲望，怎么能做到刚强呢？"申枨为春秋时鲁国人。

3 虽千万人吾往矣：典出《孟子·公孙丑》。意为自我反省后如果仍觉得理直，纵然面对千万人，也勇往直前。

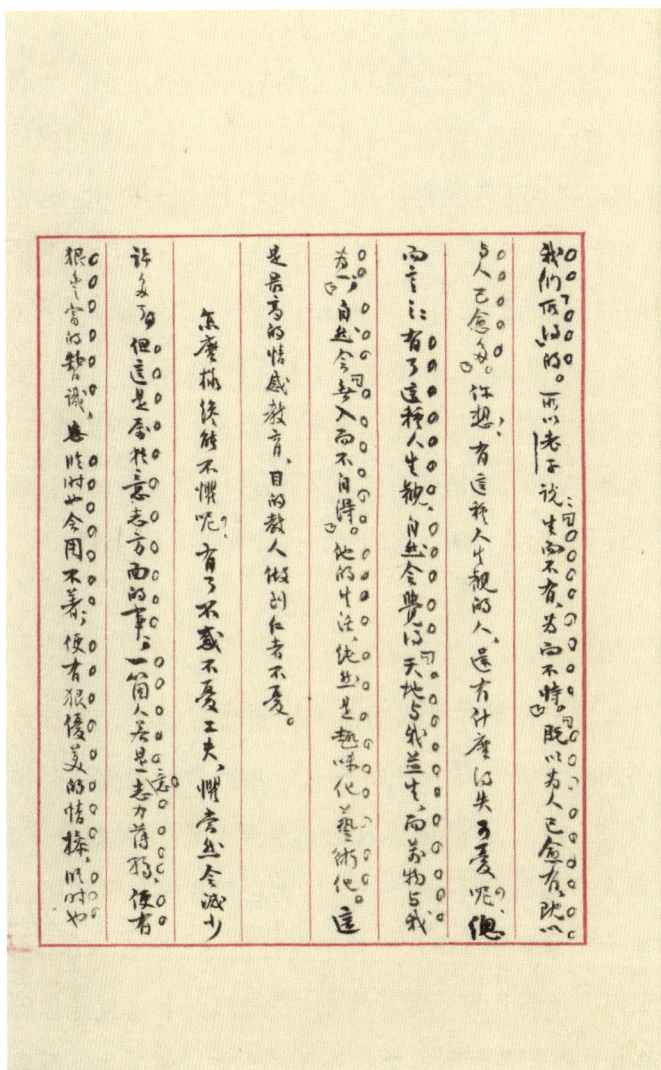

梁启超《为学与做人》手稿

【解析】

　　意育的目的，是要教出"勇者不惧"的人。当你不忧虑，也不疑惑的时候，恐惧也会减少许多。但是不疑惑是因为有知识，不忧虑是因为有情操，能真正让你不恐惧的，还需要坚强的意志。坚强的意志是需要专门涵养的。《孟子·公孙丑》篇中，孟子提到"吾善养吾浩然之气"，这种浩浩荡荡的正气，大而刚强，要怎样涵养呢？这需要心地光明，问心无愧，如果不符合自己的良心，这正气就萎缩了。所以我们做事要公开，要正大光明。另外，我们要拒绝被劣等欲望牵制。梁启超引用了《论语·公冶长》里的故事，孔子觉得申枨这个人不刚强，是因为他欲望太多。欲望多了，顾虑也就变多，意志就薄弱。我们要磨炼意志，才能负担得起人生的责任。《孟子·公孙丑》篇说，"虽千万人吾往矣"，就是说，自我反省后如果仍觉得理直，纵然面对千万人，也是要勇往直前的，这就是"勇者不惧"。

【正文】

我们拿这三件事作做人的标准，请诸君想想，我自己现时做到那一件——那一件稍为有一点把握。倘若连一件都不能做到，连一点把握都没有，嗳哟！那可真危险了，你将来做人恐怕就做不成。……你现在怀疑吗？沉闷吗？悲哀痛苦吗？觉得外边的压迫你不能抵抗吗？我告诉你：你怀疑和沉闷，便是你因不知才会惑；你悲哀痛苦，便是你因不仁才会忧；你觉得你不能抵抗外界的压迫，便是你因不勇才有惧。这都是你的知、情、意未经过修养磨练，所以还未成个人。……诸君啊，醒醒罢！养足你的根本智慧，体验出你的人格人生观，保护好你的自由意志。你成人不成人，就看这几年哩！

【解析】

在梁启超看来，所有的怀疑沉闷、悲哀痛苦，以及压迫感，都来源于知育、情育、意育的未完成。青年学子应该利用人生观塑造的关键时期，养足根本智慧，体悟人格、人生观，保护好自由意志，成为独立而完满的人。

小问题

你有什么忧伤苦闷吗？试着把它写下来，写给未来一段时间后的自己，再设想一下那时的自己会怎样回答。

花絮 / 链接

扫描二维码阅读《孟子·公孙丑》"浩然之气"段

单元活动

1. 组织一场以"学习的趣味"为主题的班级恳谈会，谈谈你在学习中获得的点滴乐趣与收获。

2. 鼓励有科技、美术、音乐、文学、运动等共同课余爱好的同学组成兴趣小组，定期举办活动。

3. 在新年联欢会上，将兴趣小组的活动成果进行集中展览展示。

第五单元

家风

我生平最服膺曾文正两句话：「莫问收获，但问耕耘。」将来成就如何，现在想他则甚？着急他则甚？一面不可骄盈自慢，一面又不可怯懦自馁，尽自己能力做去，做到那里是那里，如此则可以无入而不自得，而于社会亦总有多少贡献。我一生学问得力专在此一点，我盼望你们都能应用我这点精神。

单元导读

众所周知，除了思想启蒙、学术研究与政治活动的成就之外，梁启超还有另一项重要荣誉———一位伟大的父亲。梁启超以教子成才闻名，他的儿女中，走出了"中国建筑历史的宗师"，走出了中国最早受近代考古学训练的考古专家，走出了北京大学图书馆副馆长，走出了航天总工程师和学科带头人，也走出了隐没在历史长河之中的国民革命军十九路军炮兵与新四军战士。家庭是人生的第一所学校，梁启超的家风传承，自有渊源，他的弟弟们也各有成就：梁启勋研究词学，多有论著；梁启雄任北京大学教授、中国科学院社会科学部哲学研究员。梁启超曾经在家书中自称，"吾家十数代清白寒素，此乃最足以自豪者"，这种清白正直传家的坚守与自豪，穿越了时代的变迁，在历史长河中闪烁着独特而动人的光芒。

梁启超给孩子们的家书，今天留下了三百余封，内容包括家庭生活中的方方面面，从家务琐事、人际往来，到重大的人生变故与关键节点的人生选择，一幅家庭生活的长卷跃然纸上。梁启超有一个大家庭，与两任夫人共生育了九个儿女。原配夫人李蕙仙出身名门，是清代礼部尚书李端棻的堂妹。她富于同情心而意志坚强，富于常识而遇事果断，平日教导儿女，从小

梁启超家谱系统简图

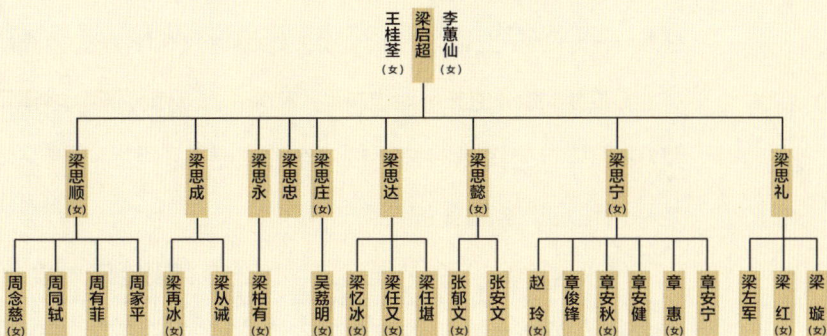

```
                          王桂荃   梁启超   李蕙仙
                           (女)            (女)
     ┌──────────┬────────┬──────┬────┬──────────┬──────────┬──────────────┬──────────────┐
   梁思顺      梁思成   梁思永  梁思忠  梁思庄      梁思达     梁思懿       梁思宁          梁思礼
    (女)                        (女)            (女)       (女)
  ┌──┬──┬──┐  ┌──┬──┐   │     │  ┌──┬──┬──┐ │  ┌──┐  ┌──┬──┬──┬──┐    ┌──┬──┐
 周 周 周 周  梁 梁   梁    吴  梁 梁 梁 张 张  赵 章 章 章 章 章   梁 梁 梁
 念 同 有 家  再 从   柏    荔  忆 任 任 郁 安  玲 俊 安 安 惠 安   左 红 璇
 慈 轼 菲 平  冰 诚   有    明  冰 又 堪 文 文     锋 秋 健    宁   军 (女)(女)
 (女)       (女)(女) (女)      (女)(女)(女)(女)(女)
```

时候亲自教学，到稍长选择学校，都亲自负责。夫人病逝，梁启超哀伤不能作文，自称"嗒然气尽"。第二位夫人王桂荃，是李夫人的丫鬟，1903 年和梁启超结婚。王夫人坚韧慈爱，照顾整个大家庭，在梁启超身后独自抚养年幼儿女长大成才。梁家良好家风的形成，两位夫人无疑起了重要作用。

长女思顺（1893–1966），小字令娴（xián），与父亲相处最久，打理家事，教养弟妹，是父亲的助手与朋友。思顺少年受父亲教读诗词，编有《艺蘅馆词选》，出版后深受欢迎。思顺的丈夫周希哲是马来西亚华侨，出身贫寒，从船员一路奋斗，获美国哥伦比亚大学国际法博士学位，曾任中国驻菲律宾、缅甸、加拿大领事。思顺多年随希哲驻外，希哲去世后，抗日战争期间，她在沦陷的北京坚持不为日本人做事，保持高洁的品德。

思成、思永、思忠三兄弟都毕业于清华大学留美预备班。思成（1901–1972）是建筑学家，留学美国宾夕法尼亚大学建筑系。他的妻子林徽因是建筑学家、文学家，二人父辈本是好友，少小相识。抗日战争期间，思成夫妇不辞劳苦，走遍华北各地考察古建筑，对山西五台山佛光寺、太原晋祠等唐宋国宝级古建筑一一测绘、摄影、分析、鉴定，运用现代科学方法调查研究，将它们的珍贵价值揭示于国际学术界。思成撰有《中国建筑史》及《中国建筑史图录》，亲手创建东北大学及清华大学建筑学系，是中国建筑史学的奠基人。

思永（1904-1954）是考古学家，赴美国哈佛大学修习考古学与人类学，毕业回国后加入中央研究院历史语言所考古组，参与安阳殷墟、章丘龙山城子崖等遗址发掘，是"龙山文化"的定名者。殷墟是中国考古学发展壮大的源头，而"史语所"的研究对古史新证起到了至关重要的作用。思永在中华人民共和国成立后任中国科学院考古研究所副所长，因病早逝。

尤其值得一提的是思忠（1907-1932），他是孩子们中最活泼热血的一个，从小喜欢军事，毕业于美国弗吉尼亚陆军学院及西点军校。思忠对父亲很温柔，看到父亲手术，由于担心而汗流浃背，被父亲嘲笑"这样胆子小，还说当大将呢"。他后来又写六页长信劝父亲保养身体，被嗔怪"好啰嗦的孩子，管爷管娘的，比先生管学生还严，讨厌讨厌"。思忠毕业后任国民革命军第十九路军炮兵上校，在"一·二八"淞沪抗战中驻防上海，浴血奋战，却因患腹膜炎贻误治疗时机而不幸去世。北京西山脚下卧佛寺梁启超家族墓园中，思忠的碑上刻有"炮兵上校梁思忠"字样。

次女思庄（1908-1986）是图书馆学家，毕业于加拿大麦吉尔大学及美国哥伦比亚大学图书馆学院，先后在北平图书

馆（今国家图书馆）、燕京大学图书馆、广东省立中山图书馆
负责西文图书编目，曾任北京大学图书馆副馆长、中国图书馆
学会副理事长。

　　四子思达（1912–2001）毕业于南开大学，长期从事经济
学研究，抗日战争期间任职于重庆中国银行，中华人民共和国
成立后任职于国家外资企业局、国家工商管理局。

　　三女思懿（1914–1988）是社会活动家，就读于燕京大学

约摄于 1927 年，思宁（后左）、思懿（后右）、思礼（前）合影

　　　　梁启超　永远的少年

医学预备班，为了参加革命转入历史系。1935 年起投身学生运动，曾任中国共产党外围组织"中华民族解放先锋队"大队长，是"一二·九"运动中的学生骨干，为学生领袖"燕京三杰"之一。1941 年赴美攻读美国史，中华人民共和国成立后回国，任山东白求恩医学院教师、山东省妇女联合会主席，后任北京中国红十字会对外联络部主任。

四女思宁（1916-2006）在思懿的影响下投奔解放区，参加新四军。中华人民共和国成立初期，陈毅元帅曾对思成说："当年我手下有两个特殊的兵，一个是梁启超的女儿，一个是章太炎的儿子。"前者指的就是思宁。

最小的思礼（1924-2016）是火箭系统控制专家，中国导弹控制系统创始人之一。他是中华人民共和国成立以来航天系统第一代专家，任航天部总工程师，当选为中国科学院院士、国际宇航科学院院士、国际宇航联合会副主席。父亲去世时思礼只有五岁，思礼自述："父亲对我的直接影响较少，但他遗传给我一个很好的毛坯，他的爱国思想通过我的母亲及他的遗著使我一生受益。"

梁启超与孩子们相处，最重要的并不在教导他们成名成家，而是在对他们的爱。在家书中他曾说过："你们须知你爹爹是最富于情感的人，对你们的爱情，十二分热烈。"他的家书，正如他的文章一样，"笔锋常带情感"。在我们今天很多人还羞于向家人流露情感的时候，一个多世纪前的梁启超却从不吝于情感的表达，也从不摆出父亲的架子。他叫孩子们"宝贝"，给他们起外号，写打油诗，为他们上课、批改作业，带着他

1908 年梁启超子女
于双涛园合影

们四处玩耍，记下他们稚嫩的言语，父子之间全然一片童心。在这样的情感包容之下，常识教育、学术引领与道德砥砺（dǐ lì）才有了温柔而深厚的根基。

梁启超常说，天下事业无所谓大小，只要在自己责任内，就要尽力去做。他并不期待孩子们必然有成就，但期待他们"莫问收获，但问耕耘"。他的孩子中，以思成、思永、思礼"一门三院士"知名，但从为国捐躯的思忠、在平凡岗位上做好革命工作的思宁身上，我们同样能看到这种深沉的光辉。

梁启超是个内外一致的人。他对孩子们的教育，与他的教育主张、学术写作，是一以贯之的。从本单元选择的家书中，我们可以看到梁启超许多教育名篇的影子。而从梁启超留下的手稿中，也可以隐约看出，他的学术教育首先从自家孩子这里做起。1918 年，梁启超花了许多精力撰写《中国通史》，这时期他的家书中便可以看到为孩子们讲学术流别、讲《孟子》，思顺甚至做了不少笔记。梁启超手稿中有一份《清代学术讲稿》，就是这年为孩子们讲学的备忘录，其中的一些观点可以看作《中国近三百年学术史》的萌芽。传统儒家讲求正心诚意，从修身、齐家推广到治国、平天下。为什么从修身开始呢？因为一个人首先要忠实于自己，直面自己的内心。为什么修身之后要齐家呢？因为家庭生活中与亲人点点滴滴的相处才是思想真正的实践与体悟。梁启超的思想观念，正是从他个人，到他的家庭，再传播到全社会之中，出自心灵，又回到心灵。

梁启超家风的力量，或许正在于此，不论时代与生活发生多少变化与流转，都值得我们去感受，去思考，去借鉴。

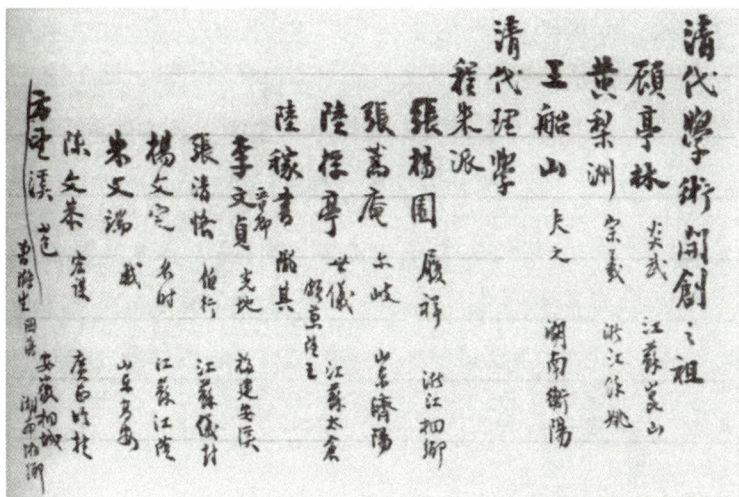

梁启超《清代学术讲稿》手稿

与娴儿书 1916年2月8日

【导读】

1916 年对梁启超来说，是动荡又关键的一年。民国初年短暂从政之后，他逐渐发现，人生的又一场战斗已经拉开序幕，这是职责所在，无可回避。在刚刚过去的 1915 年，时任民国大总统的袁世凯在专制集权的道路上越走越远，甚至出现称帝的鼓噪和试探。虽然做过袁世凯的司法总长，梁启超对袁的态度还是十分失望。这年 4 月，梁启超作《上袁大总统书》，劝谏未果；8 月最终发表《异哉所谓国体问题者》，尝试最后的规劝，反对改变共和政体。12 月袁世凯准备称帝，拟定《新皇室规范》，当月 16 日，梁启超终于从天津家中前往上海，全力投入倒袁运动。这封家书就是在这紧要关头写出的。

收信的是长女梁思顺，当时二十三岁，留在天津支撑家庭，丈夫周希哲则跟随在梁启超身边。这一时期梁启超的家书和他写作的文风保持一致，都是半文半白的"新民体"，由思顺收信后，带着思成、思永两个小弟弟一起读。

【正文】

书及禧柬并收,屋有售主速沽(gū)为宜¹,第求不亏已足²,

勿计赢也。此著既办³，冰泮(pàn)后即可尽室南来⁴，赁庑(lìn wǔ)数椽(chuán)⁵，齑(jī)盐送日⁶，却是居家真乐。

孟子言："生于忧患，死于安乐。"汝辈小小年纪，恰值此数年来无端度虚荣之岁月，真是此生一险运。吾今舍安乐而就忧患，非徒对于国家自践责任⁷，抑亦导汝曹脱险也⁸。吾家十数代清白寒素⁹，此乃最足以自豪者，安可逐腥膻(shān)而丧吾所守耶¹⁰？

此次义举虽成，吾亦决不再仕宦，使汝等常长育于寒士之家庭，即授汝等以自立之道也。吾近来心境之佳，乃无伦比，每日约以三四时见客治事，以三四时著述，馀晷(guǐ)则以学书（近专临帖不复摹矣）¹¹，终日孜孜，而无劳倦，斯亦忧患之赐也。

此书钞示成¹²、永两儿，原纸娴儿保之。

二月八日

梁启超与长女思顺（右一）、长子思成（左一）、次子思永（右二）合照

【注释】

1 沽：卖。

2 第：但。

3 此著：这件事。

4 冰泮：冰雪消散，指开春。

5 赁：租。 庑：堂下周围的走廊、廊屋，泛指房子。
　　椽：装于屋顶以支持顶盖材料的木杆。

6 齑盐送日：指靠酱菜和粗盐度日，比喻艰苦生活。

齑：细切的酱菜。

7 践：履行。

8 抑：或是。 汝曹：你们。

9 寒素：门第寒微，清苦简朴。

10 腥膻：鱼肉的气味，比喻物质诱惑。

11 晷：日晷，计时仪器，代指时间。

12 钞：同"抄"。

【解析】

梁启超在向孩子们强调忧患。生活有多么忧患呢？他到上海，是偷跑出去的，为了掩饰意图，还向美国使领馆申请护照来做"烟雾弹"。这一走未必能回来，起义也不知哪天成功，天津的房子不如卖掉，所以他告诉思顺，房子能卖就卖，不亏就行，不要想着赚钱。而在上海落脚的地方，据梁启超自己给蔡锷的信里说"侦探暗杀密布寓侧"，不得不雇印度保镖防身。这种困苦一时还望不到尽头——不久之后梁启超到越南去，寄信给思顺，称染上了当地的热病，四周无人，灯火尽熄，茶水俱绝，"此时殆惟求死"，第二天才被人发现，服下草药，再晚一天，可能就没救了。

为什么选择了忧患？又为什么把苦难的生活一一告知孩子们？梁启超引用了孟子的名言"生于忧患，死于安乐"。他对孩子们说，你们小小年纪，在成长的关键时期，恰恰我进入袁世凯政府做部长，你们也过了几年虚荣的岁月，这对成长未必

梁思礼题词

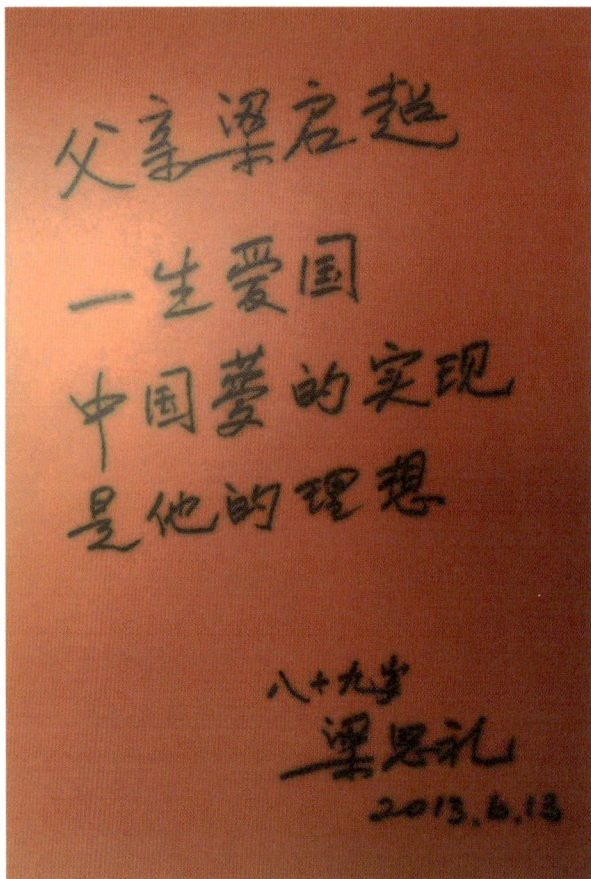

父亲梁启超
一生爱国
中国梦的实现
是他的理想

八十九岁
梁思礼
2013.6.13

是好事。我现在去经历困难，不仅是履行对国家民族的责任，也引导你们不要过得太安逸，要磨炼意志品质。梁家十几代过清白简朴的生活，这是我最足以自豪的事，哪能为了物质诱惑放弃一直以来的坚守？我期待以后全家仍能在上海清白简朴度日，哪怕每天只是吃咸菜，一家人齐齐整整，也是快乐的。

习惯了安逸，未必再能断然放弃诱惑去履行责任。梁启超写《异哉所谓国体问题者》，袁世凯得知后花二十万收买，要他不发表，遭拒绝后又威胁说："你十几年来受够了做亡命之徒的苦，何必再自讨苦吃。"梁启超选择为国尽责，也就放弃了诱惑而"自苦"。所以刚到上海，他就对思顺表达了对安逸生活的忧虑；到了越南，又给思顺写信说，这一路诡异的经历，不能说苦也不能说乐，"但吾抱责任心以赴之，究竟乐胜于苦也"。直到1919年末，他还在提醒思顺，"总要在社会上常常尽力，才不愧为我之爱儿"。人生是苦中作乐的旅途。在《最苦与最乐》中，梁启超表示："人生什么事最苦呢？贫吗？不是。失意吗？不是。老吗？死吗？都不是。我说人生最苦的事，莫若于身上背着一种未了的责任。"与此相对，"责任完了，算是人生第一件乐事"。所以尽责的欣慰，最终会压过历经的一切艰辛，正如梁启超说的："大抵天下事从苦中得来的乐才算真乐，人生须知道有负责任的苦处，才能知道有尽责任的乐处。这种苦乐循环，便是这有活力的人间一种趣味。"

而在这奔忙、危险又痛苦的时候，梁启超在做什么呢？在上海，除了起义，他每天花三四个小时见客人做事情，花三四个小时写东西，剩下的时间拿来学书法、临碑帖。要知道，书法是要静得下心来写的，他在上海时题过字的碑帖，后来还留下好几种。在去越南的路上，他又写下《从军日记》和《国民浅训》，后者就在病好的当天写成。病愈上路，他对思顺说："自此以往皆坦途，可勿念。"路上不一定尽是坦途，他的同伴，在两广起义之后，还有人在动乱中遇难。只有在心里把这条路看作坦途，才能从容上路。

天津的房子，最终没有卖掉。梁启超回天津后，在旧居西侧又建"饮冰室"书斋，这便是今天的天津梁启超纪念馆。1916 年 6 月，袁世凯在内外交困下病死，倒袁运动取得胜利。当年 11 月，蔡锷逝世，梁启超筹建松坡图书馆纪念他。梁启超逝世后，松坡图书馆并入国立北平图书馆。

背景阅读

梁启超晚年生活

梁启超晚年放弃从政，专心学术研究。他在京居住时，不喜欢城里人事繁杂，影响写作，于是避居西郊清华园附近，很少户外活动。他有时会带着小儿子思礼在花园散步，或是到住宅附近的喷水塔一带玩玩，有时对着思礼喊"一、二、三"的口令，让思礼学做军事体操。到了礼拜六、礼拜天，梁启超则要驱车进城，在北海快雪堂接见宾客、娱乐消遣。

梁启超喜欢写字临帖，不论在饮冰室、快雪堂还是清华园，他的书房里都随处挂着长长短短、大大小小的毛笔，有一张既长且大的桌子放在中间，上面放着砚台文具和雪茄盘子。梁启超的书法由北魏碑体脱胎而来，很有新意，当时人都以获得他的墨宝为荣幸。

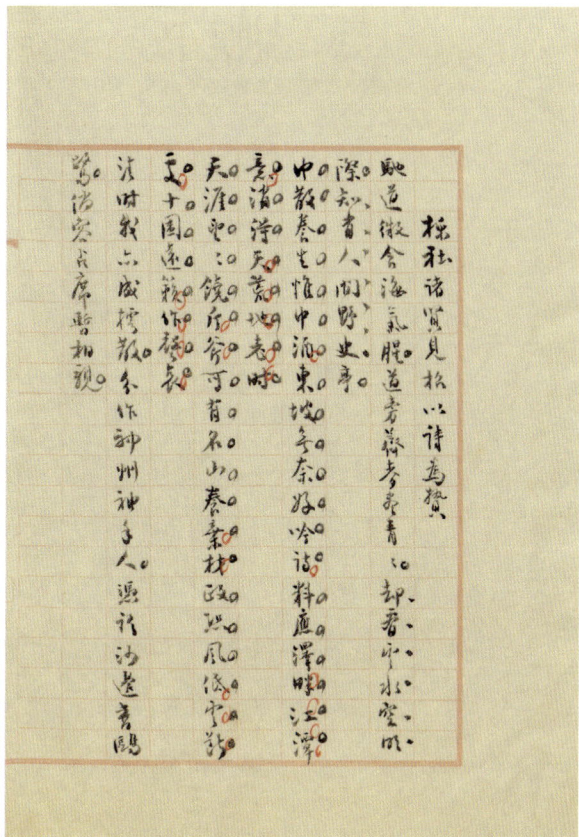

梁启超书法（选自《游台湾诗词集》）

小问题

你为了重要的事吃过苦吗？什么样的苦需要吃？什么样的苦不可顺从忍耐？

花絮／链接

扫描二维码阅读梁启超《祭蔡松坡文》

与思顺书 1923年11月5日（节选）

【导读】

　　这封家书写给思顺。思顺一直是父亲身边的得力小帮手，对外为父亲做日语翻译，对内帮父亲处理家庭事务、教养年幼的弟妹。梁启超也非常重视思顺的意见，不管是家中大事小事，还是幼子们的学业与生活，甚至梁启超本人事业上的考量，都与思顺相互商讨，虚心下问。1919 年，梁启超与友人蒋百里、张君劢等人旅欧考察。从这时起，他的兴趣逐渐从投身政治转向教育新民。自从 1920 年考察回国，他的生活便被演讲所占据。而从写信的 1923 年起，他开始在清华学校讲学，清华也随之步入"国学研究院四大导师"的极盛时代。生活仿佛回到了它本来的样子，家书里洋溢着一派轻松祥和、闲适得意的气氛，只是该记住的需要记住，该前行的需要前行。

　　这时梁启超的家信开始口语化。之前的 1917 年初，胡适、陈独秀已经发起"文学革命"，力推白话文写作，开启了浩浩荡荡的时代潮流。梁启超是个每日自新的人，当然不会落后于时代。家书是一个人文字上最固守的习惯，但到 20 世纪 20 年代之后，他的家书，也改造成了活泼有趣、容易推广的白话散文。

梁启超 永远的少年

【正文】

宝贝思顺：

昨日松坡图书馆成立（馆在北海快雪堂，地方好极了，你还不知道呢，我每来复四日住清华[1]，三日住城里，入城即住馆中），热闹了一天。

今天我一个人独住在馆里，天阴雨，我读了一天的书，晚间独酌醉了（好孩子别要着急，我并有恁(nèn)么醉[2]，酒亦不是常常多吃的），书也不读了。找我最爱的孩子谈谈罢，谈什么呢，想不起来了。

哦，想起来了。

你报告希哲在那边商民爱戴的情形，令我喜欢得了不得。我常想，一个人要用其所长（人才经济主义）。希哲若在国内混沌社会里头混，便一点看不出本领，当领事真是模范领事了。我常说天下事业无所谓大小（士大夫救济天下和农夫善治其十亩之田所成就一样），只要在自己责任内，尽自己力量做去，便是第一等人物。希哲这样勤勤恳恳做他本分的事，便是天地间堂堂的一个人，我实在喜欢他。

······

我对于你们的婚姻，得意得了不得，我觉得我的方法好极了，由我留心观察看定一个人，给你们介绍，最后的决定在你们自己，我想这真是理想的婚姻制度。好孩子，你想希哲如何，老夫眼力不错罢。徽音又是我第二回的成功[3]。我希望往后你弟弟妹妹们个个都如此（这是父母对于儿女最后的责任）。我希望普天下的婚姻都像我们家孩子一样。唉！但也太费心力了。像你这样有恁么多弟弟妹妹，老年心

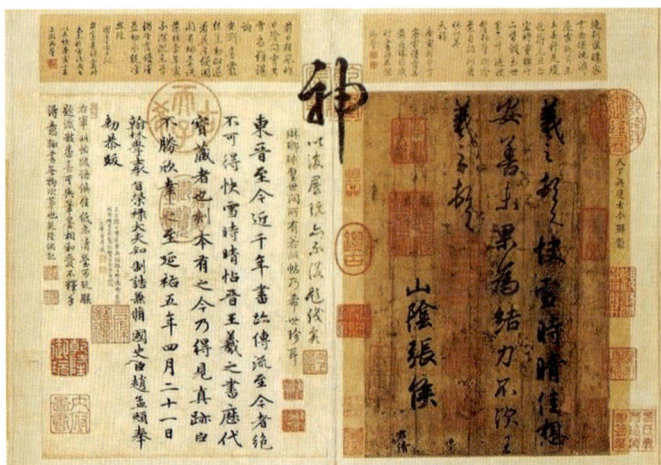

王羲之《快雪时晴帖》局部

血都会被你们绞尽了，你们两个大的我所尽力总算成功，但也是个人缘法侥幸碰着，如何能确有把握呢？好孩子，你说我往后还是少管你们闲事好呀还是多操心呢？

……

我本来答应过庄庄，明年暑假绝对不讲演，带着你们顽一个夏天[4]。但前几天我已经答应中国公学暑期学校讲一月了（他们苦苦要我[5]，我耳朵软，答应了）。我明春要到陕西讲演一个月，你回来的时候还不知我在家不呢。酒醒了，不谈了。

耶告（这两个字是王右军给儿女信札的署名法）[6]

十一月五日

【注释】

1 来复：《周易·复》卦有"七日来复"之语，指一周七天。

2 恁么：那么。

3 徽音：林徽因的原名，因与他人重名而改为"徽因"。

4 顽：同"玩"。

5 要：邀请。

6 耶：同"爷"，本义指父亲。　王右军：书法家王羲之（303-361），东晋时人，任会稽内史，领右将军。

林语堂、郁达夫、徐志摩、周作人、胡适等二十位学者在北海松坡图书馆合影

【解析】

这是一封家常的信。已经长大的思顺，永远是父亲眼中的"宝贝思顺"。

梁启超念念不忘的松坡图书馆，在写信前一天终于成立。快雪堂设在公园里，是个幽静又优美的所在。它的名字也出自王羲之，乾隆皇帝在这里收藏了王羲之的名作《快雪时晴帖》。堂后设蔡公祠，陈列着蔡锷的军服、军刀、望远镜等遗物。这年梁启超在清华由代课进而转为任教，此后每周在清华住四天，在图书馆住三天，在馆中发奋写作。他生前一直没停止为图书馆募集资金。

梁启超夸赞女婿周希哲，说他"勤勤恳恳做他本分的事，便是天地间堂堂的一个人"，这是因为天下事业无所谓大小，只要在自己责任内，就要尽自己力量去做。梁启超常爱讲敬业，因为敬业能见一个人的责任心。职业是人自立的根本，发展工商业也需要勤恳做事的人才。梁启超觉得希哲是个做事业的典范，一是在他做事不计较大小高低，从小船员一路做到法学博士，当领事能当成模范外交官，不做官时为梁启超东奔西走、筹款谋支持；二是觉得他能用其所长，能用最适宜的方式去发展自己的长处，为社会做出贡献。之前 1922 年，梁启超为上海中华职业学校的学生演讲，讲稿就是名篇《敬业与乐业》，他说，"敬业"是讲职业的神圣，"人类一面为生活而劳动，一面也是为劳动而生活"，对职业要认定，要用心，要忠实；"乐业"是讲要从职业里开发出兴趣，用孔子的话说，"知之者不如好之者，好之者不如乐之者"。梁启超最爱讲的就是责任和趣味，敬业即是责任心，乐业即是趣味。希哲做得好，梁启超勉励他，主要还是在他尽职尽责，至于趣味要怎样生发，我们后面再做分解。

在阴雨的冬天，夜深人静，梁启超想起最爱的孩子，拉拉杂杂谈着家庭琐事，一边为孩子的婚事操心，一边又怕绞尽心血管了闲事；一边发愿陪孩子们玩耍，一边又放不下全国各地跑来跑去演讲。平实琐碎而轻松。从独酌起，到酒醒结束。也许是因为写书法的缘故，他信末署名还俏皮地模仿了王羲之给儿女的落款。

梁启超《敬业与乐业》手稿

第五单元·家风

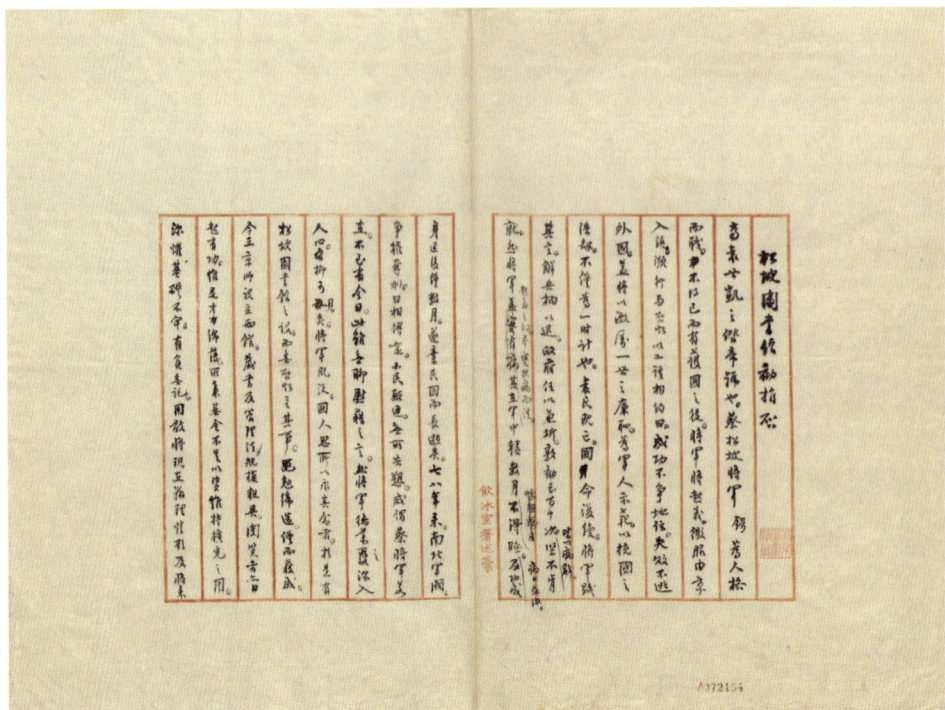

梁启超《松坡图书馆劝捐启》手稿

梁启超与松坡图书馆

　　蔡锷，字松坡，湖南邵阳人，1882 年（清光绪八年）生。他十六岁时考入湖南时务学堂，师从梁启超，建立了深厚的师生情谊。1913 年，担任云南都督的蔡锷被袁世凯调至北京，加以笼络监视。袁世凯复辟意图暴露后，梁启超鼓励蔡锷秘密返回云南，起兵讨袁，并相约"成功不争地位，失败不逃外国"。护国运动胜利后，蔡锷不幸英年早逝，从

1917 年起，梁启超就在上海发起"松社"纪念蔡锷，为此写下很多文章，讲述蔡锷生平为人，以及他们在护国战争中的经历。后梁启超上书总统黎元洪，才终于得到北京北海公园快雪堂和石虎胡同七号官房作为图书馆馆址，前者藏本国图书，后者藏外文图书。到1923年两处图书馆分别成立，梁启超总算了结一桩心愿。

小问题

你觉得天下事业有大小吗？你想长大以后做什么样的事业来谋生？

花絮／链接

扫描二维码阅读梁启超《敬业与乐业》

与孩子们书 1925年7月10日（节选）

【导读】

梁启超的孩子们纷纷长大出国留学去了。思顺跟随希哲赴加拿大任领事，思庄跟着大姐一起出洋，当年并没有立刻入大学，而是在渥太华中学学习。思成前一年已与林徽因留学美国宾夕法尼亚大学，分别进入美术学院建筑系和美术系。思永则更早一年前往哈佛大学学习考古学。家里一下子少了四个孩子，父亲的心也跟着漂洋过海。从这时起，梁启超频繁向北美寄出家书，想听儿女们的每一点日常琐碎。

如梁启超自述，"人之生也，与忧患俱来"，这样的生活中，家人之间的点点滴滴更是温柔而明快的安慰。梁启超在信中给每个孩子作词，称两个女儿为"大宝贝""小宝贝"，两个儿子"不甚宝贝"，他对思庄讲"童心"与"孩子气"，确实也是热情洋溢地和孩子们打成一片，虽然远隔重洋，还是其乐融融。忧喜各半，这就是人生。

【正文】

孩子们：

我像许久没有写信给你们了。但是前几天寄去的相片，每张上都有一首词，也抵得过信了。今天接着大宝贝五月九日、小宝贝五月三日来信，很高兴。那两位"不甚宝贝"的信，也许明后天就到罢？

......

庄庄，你的信写许多有趣话告诉我，我喜欢极了。你往后只要每水船都有信，零零碎碎把你的日常生活和感想报告我，我总是喜欢的。我说你"别耍孩子气"，这是叫你对于正事——如做功课，与及料理自己本身各事等——自己要拿主意，不要依赖人。至于做人带几分孩子气，原是好的。你看爹爹有时还"有童心"呢。

1927 年，十九岁的思庄在加拿大麦吉尔大学读书

你入学校，还是在加拿大好。你三个哥哥都受美国教育，我们家庭要变"美国化"了。我很想你将来不经过美国这一级（也并非一定如此，还要看环境的利便），便到欧洲去，所以在加拿大预备像更好。稍旧一点的严正教育，受了很有益。你还是安心入加校罢。至于未能立进大学，这有什么要紧，"求学问不是求文凭"，总要把墙基越筑得厚越好。你若看见别的同学都入大学，便自己着急，那便是"孩子气"了。

【解析】

　　留学的孩子中，思庄年纪最小，十七岁离家求学，父亲对她的眷恋可想而知。在信里，梁启超一直称思庄为"小宝贝庄庄""没出息的小庄庄"，丝毫不怕肉麻，只想听她零零碎碎讲自己的日常，就开心极了。不过小庄庄不会永远都是小宝贝的，她已经长大了，即将会有自己的选择和自己的生活。这封信就正在告诉我们，长大做一个自主的人，和有"孩子气"是不矛盾的。"孩子气"有两种，一种是行为上像个孩子，在精神上没有断奶，依赖他人，不能担负起自己的责任；另一种，就是我们常说的"童心"了。梁启超对思庄的要求是，在正事上要负责，自己拿主意，不要依赖人；但是在人格上，"做人带几分孩子气，原是好的"，不说其他，连他本人都还带着几分童心呢。在强调责任与坚守的同时，梁启超确实是个天真、开朗又幽默的人，连胡适也私下说他"一团孩子气"。

　　传统文化中一直有"赤子之心"的说法，而且对"赤子"评价非常高。《孟子》里说："大人者，不失其赤子之心者也。"一个伟大的人、一个道德品质足够支撑一定地位的人，内心应该像孩子一样纯洁。《老子》也说："含德之厚，比于赤子。"也就是说，孩子一样的天然状态，蕴含着一种深厚的德性。对先秦哲人来说，孩子的自然、纯真与好奇心，是一个人来到世界上最初始的状态，珍视这种状态，生命永远宛如新生。

　　思庄没能马上进大学，梁启超宽慰她"求学问不是求文凭"，总要把墙基越筑得厚越好。这里并不是一概否定文凭，而是说，文凭是要以学问做基础的，文凭本身并不是最终的目的。

这是为什么呢？答案在后文对希哲的要求里——因为学习是终身的事。十余年前所学，过了十几年已经可以算古董了，为了对自己的职业负责，还是要跟着潮流，更新自己职务上的新知识才是。

背景阅读

孩子们的昵称

　　梁启超给每个孩子起了不同的昵称，让他们觉得自己在父亲心中都是独一无二的孩子。对长女思顺，梁启超常亲切地称其为"娴儿""宝贝思顺""顺儿"等；对小儿子思礼，往往以"老白鼻"相称，老白鼻者，老baby也；对思懿，则干脆取外号为"司马懿"；至于思宁，却又以排行，呼为"六六"。后来，思顺、思成、思永、思忠、思庄同在国外，梁启超写信时，又写作"一大群大大小小孩子们""大孩子、小孩子们"。形式各异的称呼中尽显慈父的亲切与深情。

【正文】

思顺对于徽音感情完全恢复，我听见真高兴极了。这是思成一生幸福关键所在，我几个月前很怕思成因此生出精神异动[1]，毁掉了这孩子，现在我完全放心了。

【注释】

1 异动：反常的动向。

1928年，林徽因身穿自己缝制的婚衣，与梁思成在加拿大结婚

【解析】

这年是离别的一年。之前思成车祸受伤，缓了一年出国，母亲李蕙仙虽然缠绵病榻，为了不再耽误思成的学业，对他隐瞒了病情，在思成离开三个月后去世，这年终于择定墓园安葬。李夫人并不赞成思成与徽因的婚事，大姐思顺也站在了母亲的立场上。这封信中提到思顺与徽因的感情开始融洽起来，梁启超非常高兴，觉得"这是思成一生幸福关键所在"，"现在我完全放心了"。而这年年底，林徽因的父亲、梁启超的好友林长民又在政变中身亡。梁启超信中对思成说，"你要自己十分镇静"，因为徽因"遭此惨痛，唯一的伴侣，唯一的安慰，就只靠你"，要思成劝慰徽因"要鼓起勇气，发挥

他的天才，完成他的学问，将来和你共同努力，替中国艺术界有点贡献，才不愧为林叔叔的好孩子"。又称"学费不成问题，只算我多一个女儿在外留学便了"。

【正文】

　　思成看着许多本国古代美术，真是眼福，令我羡慕不已。甲胄的扣带，我看来总算你新发明了（可得奖赏）。或者书中有讲及，但久已没有实物来证明。

　　昭陵石马怎么会已经流到美国去[1]，真令我大惊！那几只马是有名的美术品，唐诗里"可要昭陵石马来""昭陵风雨埋冠剑，石马无声蔓草寒"，向来诗人讴歌不知多少。那些马都有名字——是唐太宗赐的名，画家、雕刻家都有

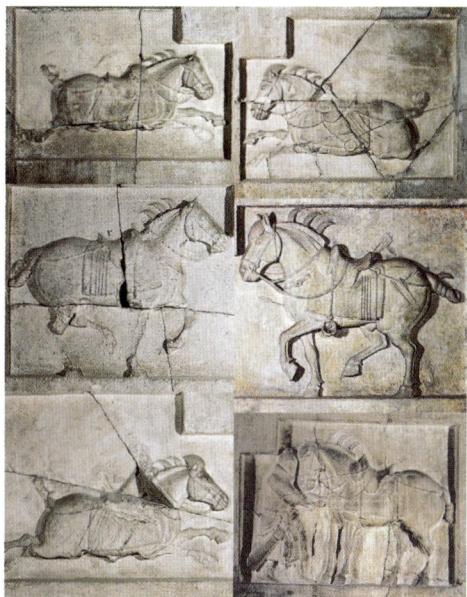

昭陵六骏

名字可考据的。我所知道的，现在还存四只（我们家里藏有拓片，但太大，无从裱(biǎo)[2]，无从挂，所以你们没有看见），怎么美国人会把他搬走了！若在别国，新闻纸不知若何鼓噪，在我们国里，连我恁么一个人，若非接你信，还连影子都不晓得呢。可叹，可叹！

　　希哲既有馀暇做学问，我很希望他将国际法重新研究一番，因为欧战以后，国际法的内容和从前差得太远了。十馀年前所学，现在只好算古董！既已当外交官，便要跟

着潮流求自己职务上的新智识。还有中国和各国的条约全文，也须切实研究。希哲能趁这个空闲做这类学问最好。若要汉文的条约汇纂³，我可以买得寄来。

……

夜深了，不和你们顽了。睡觉去。

七月十日，爹爹

【解析】

梁思成在美国宾夕法尼亚大学留学，却能看得到许多父亲看不到的我国艺术史文物，这情形说起来，是很心酸的。宾大收藏的石马有两匹，盗运之时被切分成块，现在已经是重新拼合的了。其余的四匹，今天收藏在西安碑林博物院。思成在学校看到，报告给父亲，梁启超才知道，这么重要的国宝已经被盗。石马被称为"昭陵六骏"，表现的是唐太宗征战天下时骑过的战马，分别名为"拳毛䯄(guā)""什伐赤""白蹄乌""特勒骠(biāo)""青骓(zhuī)""飒(sà)露紫"。唐朝是一个非常开放而又自信的时代，这些奇奇怪怪的名字可能并不是汉语，而是来自突厥语或波斯语。"可要昭陵石马来"出自李商隐的《复京》诗。"昭陵风雨埋冠剑"可能是"茂陵烟雨埋弓剑"，出自薛逢《汉武宫辞》。茂陵是汉武帝的陵墓，但唐人经常用汉朝来借指当代，梁启超那时没有数据库，或许记错了。我们知道，传统上的旧物之所以重要，是因为在漫长的历史上，它们在我们的文化中一次次被关注，一次次被投射情感，得到了每一代人的认同。石马是怎样被盗的，现在只能从各种传言中推测。梁启超在当时的感慨，是针对国家衰落，乃至毫不关注文物保护，以他在文化界的地位，竟完全不知道这个消息。2009年，我国专家前往美国修复宾大考古与人类学博物馆所藏的两匹石马，梁启超如果泉下有知，或许能得一个小小的安慰吧。

小问题

体会一下梁启超所说的"孩子气"是指什么。你觉得自己有没有孩子气呢？体现在哪些方面？

花絮／链接

扫描二维码阅读梁启超《与思永书（1927年1月10日）》

观看电视片：《中国传世国宝·昭陵六骏》（《文明之旅》2018年3月31日）

与孩子们书 1927年2月16日（节选）

【导读】

这封信写于北伐战争中。1926 年 7 月，广东国民政府领导国民革命军从广东北上，以求推翻北洋军阀统治，统一中国。很多青年为革命和北伐所鼓舞，梁启超的孩子们身处海外，也持续关注着这一历史性事件。思忠前一年与兄弟姐妹在北美会合，进入弗吉尼亚军事学院学习政治学，此时一度想要回国参战。这封家书中可见思成来信问父亲"有用"与"无用"的区别，或许这位学习建筑美术的优等生也生出了怀疑的念头，不知道他的专业是否太不切实际，不能直接关联时局安危。梁启超给思成的回信，不仅作为父亲关心孩子成长，也作为前辈学者指点求学的门径。因此，他表示这几纸家书要"抄送"北美的孩子们各自传阅，对他们都会是有益的训导。

确实，这封信中谈到的问题，不只是思成，许许多多认真求学的年轻人，都极有可能遇到。对于学习而言，什么算是有用？什么算是无用？天才的灵感，与刻苦的功夫，二者会不会矛盾？会不会互相妨碍？要下功夫学习，须有什么样的心态？要获得充盈澎湃的灵感，又要怎样修养培植？这封信适合每一个有志于求知的年轻人，或许也适合正在阅读这本小书的你。

梁启超 永远的少年

【正文】

（这几张可由思成保存，但仍须各人传观，因为教训的话于你们都有益的。）

思成和思永同走一条路，将来互得联络观摩之益，真是再好没有了。思成来信问有用无用之别，这个问题很容易解答，试问唐开元、天宝间李白、杜甫与姚崇、宋璟（jǐng）比较[1]，其贡献于国家者孰多？为中国文化史及全人类文化史起见，姚、宋之有无，算不得什么事，若没有了李、杜，试问历史减色多少呢？我也并不是要人人都做李、杜，不做姚、宋，要之[2]，要各人自审其性之所近何如，人人发挥其个性之特长，以靖（jìng）献于社会[3]，人才经济莫过于此。思成所当自策历者，惧不能为我国美术界作李、杜耳。如其能之，则开元、天宝间时局之小小安危，算什么呢？你还是保持这两三年来的态度，埋头埋脑做去便对了。

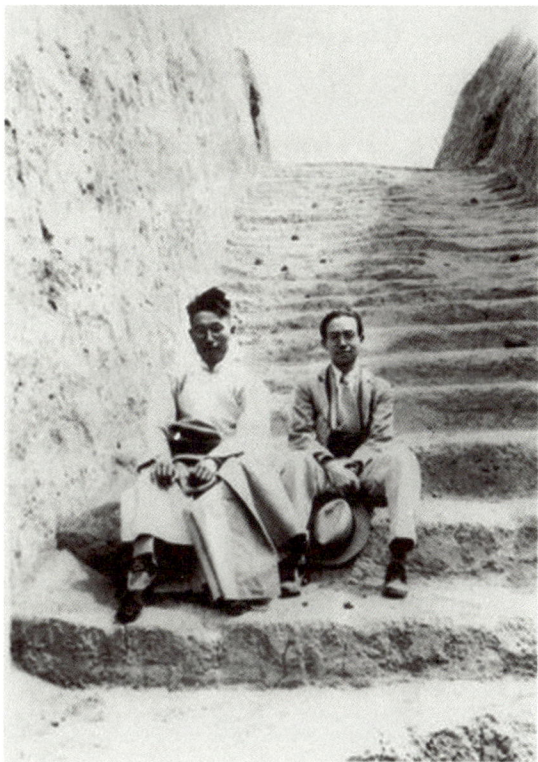

梁思成和梁思永在河南安阳考古发掘现场合影

【注释】

1 姚崇（615-721）、宋璟（663-737）：唐朝开元年间的宰相，辅佐玄宗皇帝治理国家，政绩卓著，后人每每以"姚宋"来形容宰相的贤能。

2 要之：总体来说。

3 靖献：尽忠效力。

【解析】

"有用"或"无用"的区别在哪里呢？或者专门针对思成的情况来说，学关于古代世界的知识，会不会与现实当下距离太远呢？梁启超的回答是，我们来以史为鉴，比如，唐代的开元、天宝年间，在唐玄宗治下，是大唐盛世最为光辉灿烂的顶点。那时最耀眼的大诗人是李白、杜甫，而为盛世打下基础、做宰相管事的是姚崇、宋璟。前面两位，我们都听说过；后面两位，有没有听说过可就不一定了。那么李白、杜甫和姚崇、宋璟放在一起比，谁对国家的贡献多呢？梁启超觉得，如果从我们今天的视角回头看，可能已经不在意姚崇、宋璟了，如果没有李白、杜甫这样"不切实际"的人，历史一定会减少很多光彩。

其实，这不是梁启超第一次把李杜与姚宋放在一起比较。早年在康有为门下学习时，他就和同门师弟伍庄有过一次辩论。伍庄的回答是，开元、天宝这样的太平盛世，可能姚崇、宋璟这样的宰相没那么重要；但到了"安史之乱"猖獗的时候，郭子仪、李光弼这种力挽狂澜的政治人物就重要起来，所以政治还是文化的保障，不先搞政治，文化是要毁灭的。两种回答各有各的道理，但是对

梁思成手绘山西五台山佛光寺大殿之纵断面和西立面图

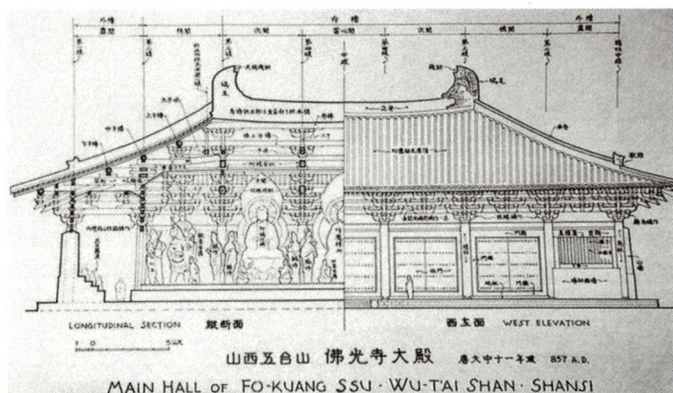

山西五台山 佛光寺大殿 唐大中十一年 857 A.D.
MAIN HALL of FO·KUANG SSU·WU·T'AI SHAN·SHANSI
LONGITUDINAL SECTION 纵断面   西立面 WEST ELEVATION

梁思成本人而言，他的个性特长在文化上，那么他自然应该在这方面尽力发挥，把自己锤炼成美术界的李杜，同样也是能为社会做贡献的。

【正文】

你觉得自己天才不能副你的理想，又觉得这几年专做呆板工夫，生怕会变成画匠。你有这种感觉，便是你的学问在这时期内将发生进步的特征，我听见倒喜欢极了。孟子说："能与人规矩，不能使人巧。"凡学校所教与所学总不外规矩方面的事，若巧则要离了学校方能发见[1]。规矩不过求巧的一种工具，然而终不能不以此为教、以此为学者，正以能巧之人，习熟规矩后，乃愈益其巧耳（不能巧者，依着规矩可以无大过）。你的天才到底怎么样，我想你自己现在也未能测定，因为终日在师长指定的范围与条件内用功，还没有自由发摅(shū)自己性灵的馀地[2]，况且凡一位大文学家、大美术家之成就，常常还要许多环境与及附带学问的帮助。

中国前辈屡说要"读万卷书，行万里路"。你两三年来蛰(zhé)居于一个学校的图案室之小天地中[3]，许多潜伏的机能如何便会发育出来？即如此次你到波士顿一趟，便发生许多刺激，区区波士顿算得什么，比起欧洲来真是"河伯"之与"海若"[4]，若和自然界的崇高伟丽之美相比，那更不及万分之一了。然而令你触发者已经如此，将来你学成之后，常常找机会转变自己的环境，扩大自己的眼界和胸次[5]，到那时候或者天才会爆发出来。今尚非其时也。今在学校中只有把应学的规矩，尽量学足，不惟如此，将来到欧洲回中国，所有未学的规矩也还须补学，这种工作乃为一生历程所必须经过的，而且有天才的人绝不会因此而阻抑他的天才，你千万别要对此而生厌倦，一厌倦即退步矣。至于将来能否大成，大成到怎么程度，当然还是以天才为之分限。我生平最服膺曾文正两句话[6]："莫问收获，但问耕耘。"将来成就如何，现在想他则甚？着急他则甚？一面不可骄盈自慢[7]，一面又不可怯懦自馁[8]，尽自己能力做去，做到那里是那里，如此则可以无入而不自得，而于社会亦总有多少贡献。我一生学问得力专在此一点，我盼望你们都能应用我这点精神。

......

二月十六日　爹爹

【解析】

这里主要讲"规矩"与"性灵"的关系。思成的忧虑，一在怕自己天分不够，不能实现自己的理想；二在怕自己严格按照规矩勤奋学习，变得死板起来，伤害了自己的天分，担心变成只按套路来的"画匠"。父亲说，有这种感觉，其实是学问发生进步的特征，这是他作为过来人敏锐的感觉。当我们最初开始专业学习的时候，往往十分好奇，什么都是新鲜的，只想吸纳进来。人越无知的时候，头脑里的问题越少，等到有了深入的理解，走到了更深远的境界，才会遇到各种各样的困难和迷茫，产生从前未能想到的问题。你会怀疑自己不够了解自己，也会怀疑不够了解自己所学的知识。问题要怎样解决呢？当然是要走得更远，去突破自己。

学规矩是打好基础的方式。孟子的话出自《孟子·尽心下》，说的是工匠传授做轮子的手艺，只能教给别人规矩，不能让别人变得灵巧。"规"和"矩"是木工画圆和画方的工具，引申为方法规则。做轮子要把直的木头打造成圆形，在技术条件不好的古代是很需要技巧的工作。学规矩其实正是工匠领域的事，传统审美上觉得"匠气"没有情感和创新，但我们不能排斥这种严格、认真，甚至枯燥的基础训练。就像梁启超所说，规矩是求巧的工具。本有天分的人，学规矩有助于发扬光大他们的"巧"；没有天分的人，也可以循规蹈矩，不出大错。因此梁启超劝告思成，"这种工作乃为一生历程所必须经过的，而且有天才的人绝不会因此而阻抑他的天才"。

那么怎样才能激发天才呢？这就需要自己去探索。中国前辈经常说，要"读万卷书，行万里路"，不去寻找触发的机会，你并不能知道自己的潜力有多少。思成到波士顿一趟，便发生许多刺激，但父亲提醒，波士顿比起欧洲来还是"河伯"之于"海若"，若和自然界的崇高伟丽之美相比，那更不及万分之一。河伯的故事出自《庄子·秋水》，秋季黄河水量丰盈，黄河的

神——河伯非常得意，但当他随着河水流向大海，看到大海的浩浩荡荡，只能感慨自己从前眼界太小了。"海若"是海神，海神对河伯说，大和小永远不是绝对的，四海之外还有天地在，天地是那么广阔，海又哪里算得上大呢。这个故事告诉我们，开拓自己是永远没有极限的，如梁启超所说，常常找机会改变自己的环境，扩大自己的眼界和胸怀，到那时候或许天才会爆发出来。

让我们用梁启超推荐给思成的名言来结尾吧。清代理学家唐鉴送给曾国藩一副对联，下联是"只问耕耘，不问收获"，曾国藩在日记中改成"莫问收获，但问耕耘"。梁启超很认同这两句话，我们不须问自己最终将会得到什么样的成就，我们首先要做的是执着地打磨自己，一方面不能因为已经取得的成绩而骄傲自满，另一方面也不能因为面前漫漫长路而胆小自卑，尽自己能力做去，做到哪里是哪里，有这样的态度，最终总能为社会做出贡献。梁启超自己一生的学问，都从这一点上得来，不仅是他的孩子们，我们每个人，都应该学习他这种精神。

曾国藩

背景阅读

梁思成夫妇的历史贡献

1928年8月，婚后的梁思成、林徽因夫妻回国，一起受聘于东北大学建筑系。从1930年到1945年，二人共同走过了中国的十五个省，一百九十多个县，考察测绘了二千七百三十八处古建筑物，河北赵州大石桥、浙江武义延福寺、山西应县木塔、山西五台山佛光寺等著名古建筑，就是通过他们的考察得到了全国乃至全世界的认识，并获得保护。在山西的数次古建筑考察使梁思成破解了中国古建筑结构的奥秘，完成了对《营造法式》这部"天书"的解读。

1949 年初，两位解放军到访北平城内的梁思成夫妇，表明对重要文物古迹的保护态度。梁思成夫妇应解放军请求，编写了《全国重要文物建筑简目》，此书后来演变成为《全国文物保护目录》。1952 年，梁思成主持设计人民英雄纪念碑，林徽因抱病参加设计工作，完成了须弥座的图案设计。

小问题

你怎么理解"莫问收获，但问耕耘"这句话？有机会试试练书法，把它写下来。

花絮／链接

观看电视片：《考古殷墟》(《百家讲坛》2015 年 6 月 6 日至 9 日)

与孩子们书 1927年8月29日（节选）

【导读】

这封家书写于 1927 年，寄与思成、思忠、思庄在内的孩子们，主要提及的是思成和思庄的学业。这一年，思成与徽因从美国宾夕法尼亚大学毕业，学术事业正待迈入新的阶段；二人也结婚在即，面临着学问与复杂生活的微妙平衡。与此同时，思庄跟随大姐思顺留学加拿大，在麦吉尔大学升入二年级，需要选定专业。梁启超记挂着散在天涯的孩子们，也期待着他们能在成熟的节点，顺从内心的呼应，不远万里，回国效力。信结于"两点钟了，不写了"，经过了前后思虑、细细谋划，不知不觉已到深夜，信中提及康有为身后"家里真是一塌糊涂""为什么全不会管教儿女"的窘境，更是让人夜不能寐。对年轻的思庄，梁启超虽然对她未来的方向有所设想，却仍然充分尊重孩子的意见，殷殷询问"不知道你性情到底近这方面不""你来做一个'先登者'不好吗"。对即将走向新生活的思成，梁启超却作为一个长者，以自身为例一针见血地指出学问与生活的关系，指点做学问与拓宽学术趣味的途径，并要求思成及徽因"是必要回我一封稍长的信"。梁启超一向提倡的"趣味教育""趣味主义"，正在他的家书里浮动出现实的萌芽，我们从中可以看到名篇《趣味教育与教育趣味》《为学与做人》的影

梁启超 永远的少年

子，也可以看出梁启超本人正是一个纯然烂漫而又以身先行的实践者。最终，思成次年在加拿大完婚，之后赴欧洲考察古建筑，并于当年回国任教东北大学；而思庄在父亲的进一步指引下，选择了更加"性之所近"的图书馆学，最终学有所成，继承了父亲对图书馆事业的热情。

【正文】

孩子们：

......

思成再留美一年，转学欧洲一年，然后归来最好。关于思成学业，我有点意见。思成所学太专门了，我愿意你趁毕业后一两年，分出点光阴多学些常识，尤其是文学或人文科学中之某部门¹，稍为多用点工夫。我怕你因所学太专门之故，把生活也弄成近于单调，太单调的生活，容易厌倦，厌倦即为苦恼，乃至堕落之根源。再者，一个人想要交友取益，或读书取益，也要方面稍多，才有接谈交换或开卷引进的机会。不独朋友而已，即如在家庭里头，像你有我这样一位爹爹，也属人生难逢的幸福，若你的学问兴味太过单调，将来也会和我相对词竭，不能领着我的教训²，你全生活中本来应享的乐趣，也削减不少了。我是学问趣味方面极多的人，我之所以不能专精有成者在此，然而我的生活内容，异常丰富，能够永久保持不厌不倦的精神，亦未始不在此。我每历若干时候，趣味转过新方面，便觉得像换个新生命，如朝旭升天³，如新荷出水，我自觉这种生活是极可爱的，极有价值的。我虽不愿你们学我那泛滥无归的短处，但最少也想你们参采我那烂漫向荣的长处。

（这封信你们留着，也算我自作的小小像赞）

【注释】

1 人文科学：研究人类社会的本质和
发展规律的科学。

2 教训：教导训诫。

3 朝旭：早上的太阳。

【解析】

　　梁启超所说的"常识"，并不是指日常生活里的知识，而
可能更接近今天所说的"通识教育"。因为学术日益专精，就
像思成"所学太专门"，但受教育不能局限于专门的学问，所
以要补充各类学科的通识。那么，梁启超认为"常识"，尤其
是文学或其他人文科学方面的常识有什么用处呢？早在辛亥

革命前的1910年，梁启超在流亡之中便发起"国民常识学会"，希望通过社会教育"增进国民常识"，还拉上商务印书馆，打算出版《国民常识讲义》月刊及《国民常识小丛书》，这是为了培育适合现代政治的、有素质的现代国民。不过。从信里来看，此时的梁启超，可能更加着眼于思成的"学问趣味"，从而让其生活变得更加丰富多彩。见到了新知识，就有新的兴趣。完整有趣味的生活，使人的生命充满生机，常常能感受到新东西，就像朝阳升上天空，像新荷冲出水面，都是活泼美好的气象。

但是，如果对什么都有兴趣，会不会学不深呢？在这方面，梁启超是非常坦诚，也非常有自信的。他觉得自己是个好父亲，"有我这样一位爹爹，也属人生难逢的幸福"，如果不能和他交流，"本来应享的乐趣，也削减不少了"。另一方面，他也非常直接地承认，兴趣太广泛，导致他学术上"不能专精有成"，没有专门积累的成果。这使他的思想没有主线，有着"泛滥无归的短处"。但这也让他始终兴趣满满，有着"烂漫向荣的长处"。写到这里，他似乎很得意地让孩子们留着这封信，觉得这段描写能题到他的画像上，说明这个自我评价，他觉得实在形象地刻画出了自己。

【正文】

我这两年来对于我的思成，不知何故常常像有异兆的感觉[1]，怕他渐渐会走入孤峭冷僻一路去[2]。我希望你回来见我时，还我一个三四年前活泼有春气的孩子，我就心满意足了。这种境界，固然关系人格修养之全部，但学业上之熏染陶镕[3]，影响亦非小。因为我们做学问的人，学业便占却全生活之主要部分。学业内容之充实扩大，与生命内容之充实扩大成正比例。所以我想医你的病，或预防你的病，不能不注意及此。这些话许久要和你讲，因为你没有毕业以前，要注重你的专门，不愿你分心，现在机会到了，不能不慎重和你说。你看了这信，意见如何？（徽音意思如何？）无论校课如何忙迫，是必要回我一封稍长的信，令我安心。

你常常头痛，也是令我不能放心的一件事，你生来体气不如弟妹们强壮，自己便当自己格外撙(zǔn)节补救[4]，若用力过猛，把将来一身健康的幸福削减去，这是何等不上算的事呀。前在费校功课太重，也是无法，今年转校之后，务须稍变态度。我国古来先哲教人做学问方法，最重优游涵饫(yù)[5]，使自得之。这句话以我几十年之经验结果，越看越觉得这话亲切有味。凡做学问总要"猛火熬"和"慢火炖"两种工作循环交互着用去。在慢火炖的时候才能令所熬的起消化作用，融洽而实有诸己。思成，你已经熬过三年了，这一年正该用炖的工夫。不独于你身子有益，即为你的学业计，亦非如此不能得益。你务要听爹爹苦口良言。

【注释】

1 异兆：不好的征兆。

2 孤峭：孤僻，不与众人和同。

3 陶镕：制陶和熔炼，比喻影响。

4 撙节：节制，节约，调节。

5 优游涵饫：闲适自得地体会。

饫：饱。

【解析】

为什么要讲趣味呢？梁启超在《趣味教育与教育趣味》里说，因为"趣味的反面，是干瘪，是萧索"，他自己"对于自己所做的事，总是做得津津有味，而且兴会淋漓；什么悲观咧厌世咧这种字面，我所用的字典里头，可以说完全没有"。因此，在这篇文章里，梁启超总结："假如有人问我：'你信仰的甚么主义？'我便答道：'我信仰的是趣味主义。'有人问我：'你的人生观拿甚么做根柢？'我便答道：'拿趣味做根柢。'"活要活得有意思，学要学得有意思，生命才能充实，人才能"活泼有春气"，带着春天欣欣向荣的气息。

思成没毕业时，父亲让他专门学习，"不愿他分心"，因为我们学习，既要充满好奇心地讲趣味，也要扎扎实实地做学业。梁启超说做学问要分"猛火熬"和"慢火炖"，指的就是又要有动力、有投入，一门心思扑在学习上；又要有耐心、有反思，不必急于求成，把自己的生活经营好。这两方面都要做到。

思成这样专心学习了三年。我们今天做的学术，都是专门的学问，实际上是种技术。梁启超在《为学与做人》里说："你在学校里头学的什么数学、几何、物理、化学……不过是做人所需的一种手段，不能说专靠这些便达到做人的目的。"学问就是学问，它有自己的规律，不是为了让我们做个好人而预备的。不管你学得怎么样，在学问之外，我们都需要保持一种让生命永远鲜活的热忱，这才能让我们成为自立又美好的人。

梁启超不仅关心思成的想法，也专门问"徽音意思如何"。

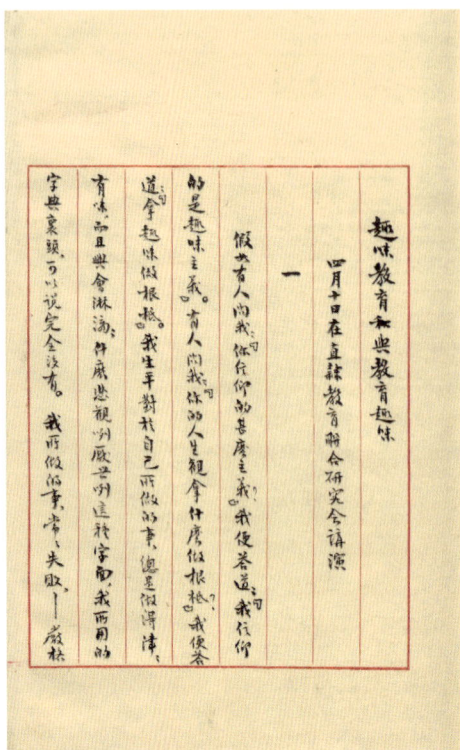
梁启超《趣味教育与教育趣味》手稿

这时林徽因正在思成身边，是对他影响最大的人。在 5 月寄给思顺的信里，梁启超确实担心过思成受徽因的影响，说"我就怕因为徽音的境遇不好，把他牵动，忧伤憔悴是容易销磨人志气的"，他更希望孩子"总要常常保持着元气淋漓的气象，才有前途事业可言"，所以要专门就此征求林徽因的意见。

当然，青春期"孤峭冷僻"，也是常见现象。如果有时候，你有类似的感受，请不要因此责怪自己，或许你正是"专积有成"的人也未可知。不过或许你可以尝试按梁启超的方法，通过学习和经历，打开自己的生命。

【正文】

庄庄在极难升级的大学中居然升级了，从年龄上你们姐妹弟兄们比较，你算是最早一个大学二年级生，你想爹爹听着多么欢喜。你今年还是普通科大学生，明年便要选定专门了，你现在打算选择没有？我想你们弟兄姊妹，到今还没有一个学自然科学，很是我们家里的憾事，不知道你性情到底近这方面不？我很想你以生物学为主科，因为它是现代最进步的自然科学，而且为哲学社会学之主要基础。

......

截到今日止，中国女子还没有人学这门（男子也很少），你来做一个"先登者"不好吗[1]？还有一样，因为这门学问与一切人文科学有密切关系，你学成回来可以做爹爹一个大帮手，我将来许多著作，还要请你做顾问哩！不好吗？

......

专门科学之外，还要选一两样关于自己娱乐的学问，如音乐、文学、美术等。据你三哥说，你近来看文学书不少，甚好甚好。你本来有些音乐天才，能够用点功，叫他发荣滋长最好[2]。

......

爹爹　八月廿九日

【注释】

1 先登者：先驱。　　　　　　　　　　2 发荣：草木生长茂盛。

【解析】

思庄这年十九岁，上大学二年级，要选专业了。"学文"还是"学理"呢？父亲当然也在考虑。家里兄弟姐妹没有一个学自然科学的，父亲想让思庄学生物学，填补当时中国的空白。当时很流行把自然科学的规律移植到人文科学中来，梁启超也是因为这一点，希望思庄将来可以给父亲帮忙。但是思庄自己怎么想？她适合不适合呢？在另一封信里，我们可以看到，梁启超对思庄说：

"听见你二哥说你不大喜欢学生物学，既已如此，为什么不早同我说？凡学问最好是因自己性之所近，往往事半功倍，你离开我很久，你的思想发展方向我不知道，我所推荐的学科未必合你的式，你应该自己体察作主，用姐姐哥哥当顾问，不必泥定爹爹的话，但是新学期若已经选定生物学，当然也不好再变，只得勉强努力而已。我很怕因为我的话扰乱了你治学针路，所以赶紧寄这封信。"

梁启超急着寄这封信，生怕对思庄的发展起了不好的影响。因为学问最好根据本人的特质来确定，所以必须要自己做主。梁启超能对思庄提出指导建议，又能及时考虑思庄的想法，鼓励她自己作出决断，自己向同在北美的哥哥姐姐寻求帮助，真是个非常宽容又循循善诱的父亲。

小问题

你想将来学什么专业？你的兴趣又在哪里？和你的父母商量过没有？他们给出过建议吗？

花絮／链接

扫描二维码阅读梁启超《趣味教育与教育趣味》

观看纪录片：《梁思成　林徽因》（全八集）

单元活动

　　1. 从本单元的梁启超家书中选择一篇，读给你的爸爸妈妈听。

　　2. 与爸爸妈妈一起讨论梁启超家教成功的原因。

　　3. 请爸爸或者妈妈给你写一封家信，为你的人生提出建议。

后 记

  梁启超的这些著作,撰写于一百年前,书稿早已古色斑斑;他本人也和那个时代一样,成为历史的陈迹,与现下的生活相隔遥远。但是,当我们今天为了编写这样一部小书,重新查阅资料,一步步走向梁启超的时代、走进梁启超的文字时,他的呐喊与沉思、振臂高呼与娓娓道来,又把我们重新带入了那个逝去的时代,让我们聆听他的心声,体察他的喜怒,更深刻地认知我们国家和民族走过的那段艰难路程。同学们,当你们从繁忙的课业中偶尔抬起头,阅读这本小书时,不知能否同我们一样,被梁启超笔端深情感动,从而有所得、有所悟呢?

  阅读梁启超,我们要从大处着眼,看到他一生都满怀赤子少年心,苦苦探寻着关于救国与强民、自由与法制、东方与西方、教育与学术、社会与家庭等问题。他的重要和伟大,并不在于对这些问题的解答是否取得了了不起的成就,而在于他曾经给人们的心灵带来强烈而持久的震撼;并不在于他的思想体系如何完美无缺,而在于他曾经给人们的求索带来广泛而深刻的启迪。从"数千年未有之大变局",到"中华民族伟大复兴",这些震撼与启迪,不仅属于历史,更应该属于也必然属于今天

  梁启超　永远的少年

和未来。

　　阅读梁启超，我们还要从小处入手。梁启超是个好爸爸、好导师，培养了众多品学兼优的子女和学生。他那些关于读书方法、兴趣培养、专业选择、性格塑造的言论，毫不受时间与空间的影响，对今天每个青少年的成长都大有益处。我们了解他的生平，阅读他的文章，把他当作一位隔着书页的老师、长辈，与南开讲堂里听讲座的少年周恩来、宾夕法尼亚大学校园里读家信的青年梁思成一样，接受他的感染，谨记他的名言，践行他的教诲，在日常的学习、生活中，不断提高、完善自己。

编　者

2018 年 8 月

图书在版编目（CIP）数据

梁启超：永远的少年 /《梁启超：永远的少年》编委会编著 . — 北京 : 国家图书馆出版社 , 2018.9（2024.4 重印）

ISNB 978-7-5013-6455-8

Ⅰ . ①梁… Ⅱ . ①梁… Ⅲ . ①梁启超（1873-1929）–生平事迹 Ⅳ . ①K825.1

中国版本图书馆CIP数据核字（2018）第176105号

书　　名	梁启超：永远的少年
著　　者	《梁启超：永远的少年》 编委会　编著
责任编辑	王燕来　黄　鑫
重印责编	王燕来　王佳妍
特邀编审	孙　彦　耿素丽
装帧设计	文化·邱特聪
卡通绘制	胡可人

出　　版	国家图书馆出版社（100034　北京市西城区文津街 7 号）
发　　行	010-66114536　66126153　66151313　66175620
	66121706（传真）　66126156（门市部）
E-mail	nlcpress@nlc.cn（邮购）
Website	www.nlcpress.com→投稿中心
经　　销	新华书店
印　　装	天津裕同印刷有限公司
版　　次	2018 年 9 月第 1 版　2024 年 4 月第 4 次印刷
开　　本	710×1000　1 / 16
印　　张	15
字　　数	110 千字
书　　号	ISBN 978-7-5013-6455-8
定　　价	33.00 元